高校・国語の新展開

——伝統と現代的な流れを紡ぎ合わせた
これからの実践例

大村 勅夫 編著

学事出版

はじめに

国語教育では、大村はまや青木幹勇をはじめとして、これまでに多くの偉大な実践家が幾人もいた。その偉大な先達の多大な実践は今現在も研究がなされ続けており、それらの実践の研究は現場教師にとって、単なる一助以上の学びとなることは間違いない。ただし、ここで少しだけ立ち止まり、考えたい。それは、彼らだけの実践が学びとなるのか、ということである。もちろん、大村はまや青木幹勇などに比肩するほどの教師は、時代の中で稀な存在であろう。とはいえ、実践者である教師は、以降も現在も何万人もいる。そして、それぞれがそれぞれに研鑽し研究し、実践を積み重ね続けている。その彼らの実践からもまた、学びを得ることができるのではないか。生田久美子（２０２０）は、教育などにおける「専門家」を「省察的実践家」とする。「省察的実践家」とは「行為についての省察」と「行為の中の省察」をすることのできる「省察力」をもつ者である。特に、「行為の中の省察」とは、個々の特殊な状況に応じるそれぞれの解を、科学的な知識や技術によってではなく到達するためのものである。このことは、それぞれの子どもたちやそれぞれの環境などによるそれぞれへの解を、偉大な先達以外にも、それぞれの教師たちがそれぞれの現場において出そうとし、あるいは、出しているということでもあるだろう。そして、その「省察力」を身につける過程の一部に「他者（師や先輩たちや後輩たち）が示す多様な表れをする傾向性に直接触れる」ことがあると生田（２０２０）は述べる。すなわち、偉大な先達の実践やその研究に触れていくことは、「省察力」を身につける過程といえる。同時に、偉大な先達以外の教師たちによる実践に触れることもまた、「省察力」を身につけるためのものになるのである。

ところで、生田久美子（２０１１）は次のようなことを述べている。「『教える者』が『学ぶ者』に対して、自らが到達した状態（Achievement）を『わざ言語』を通して『突きつける』いう役割を付け加えた。それは、言い換えるならば、卓越者が至ったAchievementの感覚を学習者自らが探っていくように誘うという役割である。」である。これは「わざ言語」の３つの役割のうちの１つであるのだが、この「わざ言語」とは「直接的にその方法を伝えられない自らのAchievementの感覚を」「語る際に用いられる言語であり、それは直接的に伝えることの不可能性を認めながら、同時にそれでも投げかけ、突きつけないではいられないというパラドクシカルな思いを背景にした」ものとする。「わざ」とは、芸能などの領域におけるperformerによるものを示すことが多いが、教育の世界でも援用できるものであろう。すなわち、どちらも「行為の中の省察」を求められるものであり、それぞれが展開される場面においてAchievementの感覚を得ることのあるものでもあるためである。さらに言えば、学校教育現場は、その個別性による特殊性は強く、その場面ごとにperformすることになる。一回性をもつが、同時に、その一回のための省察的準備を絶えずしていくことは通底している。そして、その実践を記録するために記録するだけでなく、それを後進＝「学ぶ者」に伝えようとする教師の実践記録は１つの「わざ言語」である。特に、何十年も実践を積み重ね、改善に次ぐ改善を重ねてきた実践とその記録は、卓越者とまでは言えずとも、熟達者となった教師による「わざ言語」といってよいだろう。「学ぶ者」は、熟達者による実践記録を「省察的に」とらえることにより学びを得るのである。なお、「わざ言語」とは「こうとしか書きようがない」という、独特の言語表現のことでもあるが、前述したように、「省察」には「行為の中の省察」がある。それは、その行為における脈絡を必要とするものである。すなわち、「わざ言語」もまた、その言語表現単独では成り立たない。実践記録における「わざ言語」も、その前後を記録から必要とするのである。

また、「わざ言語」は教科国語の「言語活動例」とも通ずるところがある。生田（2011）は、「わざ言語」のもう1つの役割を「ある種の身体感覚を持つように『しむける』という役割」とする。すなわち、教科国語の「言語活動」は、ねらいとする資質・能力が育まれるように「しむける」ためのものである。そして、そのねらいとは、決して知識的なものではなく、より身体的な「〜〜ができる力」であるもといえる。北村勝朗（2011）は「わざ言語」の作用の様態を6つあげるが、その1つを「『わざ言語』は、段階を経る中で、自動的な段階へと導く作用力をもつ。」とする。すなわち、「言語活動」は、校種・学年をスパイラル的に経る中で、「話す・聞く・書く・読む」という行為を「意識的に」なす場面から「無意識的に」できる場面が増えるように指導するためのものでもあるからだ。「言語活動例」や先達のなしてきた「言語活動」とは「わざ言語」でもあるのである。

本書は、以上のような考えから、いわゆるベテランによる国語教育実践を記録した「わざ言語」としての位置づけにより編まれている。アーカイブしようとしてではなく、「直接的には伝えられない」ものを「それでも投げかけ、突きつけないではいられない」という強い思いによるものである。決して、自身たちを偉大な先達になぞらえたわけではなく、それよりも、成長していった教師の一例として、あるいは、成長しようともがきつついる教師の一像として、後進に見てもらいたいとの思いである。叩き台としての実践ととらえられてもよいし、1つの特殊解としてとらえてもらってもかまわない。ただし、その根底には大きな危惧がある。それは例えば、教員採用試験の低倍率化と初任者層の早期離職の増加、そして、それらによる事実的展開である。これらのことからの影響は計り知れないが、だからこそ、未来への一助となるべく、できることは何かと考え、本書に至る。

以上のことから、本書のプロローグでは、「高等学校学習指導要領」における「言語活動例」から「言語活動」を整理し、実践事例において、ベテラン教師における実践記録とそれに呼応するように、現在の若手教師による意欲的な実践記録を載せる。それぞれが、後進をはじめとした「学ぶ者」「学び続ける者」に寄与できるような、叩き台として国語教師に刺激を与えられるような、かつ、それらによって著者一同もさらなる改善を目指すことができるような、そのような一冊を目指したものである。

大村　勅夫

【参考文献】

・生田久美子（２０２０）『子ども人間学』という思想に見る新たな『専門家』像」生田久美子・安村清美『「子ども人間学」という思想と実践』北樹出版。
・生田久美子（２０１１）「『わざ』の伝承は何を目指すのか」生田久美子・北村勝朗『わざ言語―感覚の共有を通しての「学び」へ―』慶應義塾出版会。
・北村勝朗（２０１１）「熟達化の視点から捉える『わざ言語』の作用」生田久美子・北村勝朗『わざ言語―感覚の共有を通しての「学び」へ―』慶應義塾出版会。

目次

はじめに 2

プロローグ 高校・国語における言語活動 大村勅夫（札幌国際大学准教授） 9

【実践編】伝統的な授業：ベテラン教師×現代的な授業：若手教師

1 伝統的な「話す・聞くこと」の授業
「現代の国語」の「話す・聞く」領域における授業
―生徒が主体的に取り組む環境をつくるために―
太田 幸夫（北海道札幌手稲高等学校教諭） 26

2 伝統的な「書くこと」の授業①（文学的な文章）
文学分野における「書くこと」単元のデザイン
―随想を材として現代短歌を作成する―
大村 勅夫 47

3 伝統的な「書くこと」の授業②（論理的な文章）
論理的な文章を構造的に学んでいく
塩谷 哲士（立命館慶祥高等学校常勤講師） 60

4 伝統的な「読むこと」の授業①（文学的な文章）
太宰治「待つ」の授業
―表現の奥行き、視点を変えた授業実践例―
田口 耕平（北海道芽室高等学校教諭） 76

5 現代的な「読むこと」の授業①（文学的な文章①）
夏目漱石『こころ』における探究的な学習
―グループ発表・教科等横断・個人レポート―
對馬 光揮（市立札幌藻岩高等学校教諭） 95

6 伝統的な「読むこと」の授業②
ソフトスキルを使って読む
―フィルムスタディーによる「概念理解」―
高橋 一嘉（北海道穂別高等学校教諭） 115

7 現代的な「読むこと」の授業②（論理的な文章②）
随筆の学習材特性を見つめ直す
―「現代の国語」と「言語文化」の扱いの違いに着目して―
岡本 岳之（北海道留萌高等学校教諭） 131

8 伝統的な「古典分野」の授業①
古典作品の対話的で深い読みの楽しみ
―班での小さな活動をしつつ読む伊勢物語「芥川」の授業―
佐々木 秀穂（札幌静修高等学校） 150

9 伝統的な「古典分野」の授業②
古文が好きになる『枕草子』の授業
―点を紡いで線で読む―
山崎 圭志（北海学園札幌高等学校非常勤講師） 170

10 現代的な「古典分野」の授業①
実社会を『論語』を通して見つめ直す
―解釈の多様性を生かした「読むこと」領域の授業実践―
小川 耕平（北海道立高等学校教諭） 188

11 現代的な「古典分野」の授業②
色彩表現から漢詩を読む
藤澤 慎司（北海道科学大学高等学校教諭） 207

おわりに 228

執筆者一覧 230

プロローグ

高校・国語における言語活動

大村 勅夫（札幌国際大学准教授）

1　充実させる言語活動

平成30年告示「高等学校学習指導要領」（以下、「30年版」と略す）における、教科国語の「目標」は次のものである。

言葉による見方・考え方を働かせ、言語活動を通して、国語で的確に理解し効果的に表現する資質・能力を次のとおり育成することを目指す。

（1）生涯にわたる社会生活に必要な国語について、その特質を理解し適切に使うことができるようにする。
（2）生涯にわたる社会生活における他者との関わりの中で伝え合う力を高め、思考力や想像力を伸ばす。
（3）言葉のもつ価値への認識を深めるとともに、言語感覚を磨き、我が国の言語文化の担い手としての自覚をもち、生涯にわたり国語を尊重してその能力の向上を図る態度を養う。

これを、平成21年告示「高等学校学習指導要領」（以下、「21年版」と略す）の「目標」と比較する。平成21年告示のものは次のものである。

国語を適切に表現し的確に理解する能力を育成し、伝え合う力を高めるとともに、思考力や想像力を伸ばし、心情を豊かにし、言語感覚を磨き、言語文化に対する関心を深め、国語を尊重してその向上を図る態度を育てる。

これらの比較からは、文言そのものの量が多くなってはいるものの、教科国語の目標は、例えば、国語の「理解」や「表現」、「伝え合う力」、「思考力や想像力」、「言語感覚」、「言語文化」への意識、などの育成や向上を企図しているものであり、内容としては大きな変更がないことがとらえられる。ただし、その方法が「30年版」に明示されたことが際立って異なっている。その1つが「言葉による見方・考え方を働かせ」であり、もう1つが「言語活動を通して」である。この「言葉による見方・考え方を働かせ」については、「解説」において、ゴシック体を用いて強調しつつ7行を割いて解説されている。一方、「言語活動を通して」については、この「目標」についての「解説」は、フォントによるアクセントもされず、3行のみであり、その内容も「目標」の文言のほぼそのままである。「言語活動」とはどういったものであるのか、については「30年版」とその「解説」において新たに詳細を述べることはされず、「言語活動」の例示がなされているだけなのである。すなわち、「30年版」での言語活動は、「言語活動の充実」との文言によって、充実させる言語活動があることを強く示した「21年版」を踏まえ、そのままを引き継いだものととらえてよいだろう。とはいえ、「言語活動の充実」を提起した平成20年1月の中教審答申においても、「21年版」においても、「言語活動」そのものについての解説はなく、その例示をいくつもあげつつ理解を図っている。この例示から考えていくことが必要となる。そこで、「30年版」の言語活動例を「21年版」と比較しながら挙げ、「30年版」における言語活動について考えていく。

まず、「30年版」における言語活動例である。必履修・選択の各科目の言語活動例を合わせると、52の言語活動例が挙げられている。その52例における言語活動を抽出する。なお、言語活動例には、活動を示すいくつもの動詞が使われているが、ここでは「主節的な箇所における述語動詞」、および、「それと並列的な箇所の述語動詞」によるもののみを抽出する。「従属節における述語動詞」については、順序や条件などを意味しているものととらえる。また、「話す」「話をする」などは同様のものとする。これらを踏まえて、領域別に抽出し、かつ、それらをまとめる。

話す・聞く領域（12種類の言語活動）

4回・批評する　2回・スピーチする、質問する、話す、発表する

1回・同意する、反論する、議論する、討論する、伝える、連絡する、説明する

書く領域（9種類の言語活動）

7回・まとめる　5回・書く　2回・論述する、批評する、制作・作成する

1回・表す、話し合う、創作する、書き換える

読む領域（11種類の言語活動）

10回・発表する　8回・論述する、まとめる　6回・批評する　4回・討論する

2回・書き換える、書く、議論する　1回・話し合う、創作する、朗読する

3領域（20種類の言語活動）　※複数回あったもののみ記載

15回・まとめる　12回・批評する、発表する　10回・論述する　7回・書く

5回・討論する　4回・話す　3回・議論する、書き換える

2回・創作する、制作する

次に、「21年版」の言語活動例からのものである。「21年版」は「国語総合」以外は領域別で表されてはいないため、「3領域」と一括りにして表す。

3領域（21種類の言語活動）
7回・書く　6回・話し合う、まとめる　5回・発表する
3回・説明する、報告する　2回・討論する、編集する、音読する、朗読する
1回・スピーチする、聞く、つくる、脚本にする、書き換える、述べる、話す、批評する、考える、創作する、暗唱する

なお、「21年版」が出された後の平成24年に、文部科学省から「言語活動の充実に関する指導事例集」（以下、「事例集」と略す）が出ている。そこでは、国語科の言語活動の例示として「記録、要約、説明、論述、討論」の5種類があげられている。この「事例集」の5種類と「21年版」の21種類を照らし合わせると、「要約」に相当するものとして「まとめる」があり、「説明」と「討論」はそのまま「説明する」「討論する」がある。「論述」についいては、例えば「書く」の一つに「意見を書く」であったり「発表する」に「成果をまとめて発表する」であったり「報告する」に「調べたことを報告する」であったりなどがあることが相当するだろう。「記録」については「書く」のいくつかが相当するととらえられる。このように、「21年版」の21種類の多くを「事例集」の5種類に照応することができよう。ただし、「事例集」の5種類に相当すると考えにくいものもある。例えば、「脚本にする」「創作する」「音読する」「朗読する」「暗唱する」などである。具体的には、国語総合における書く領域の「ア　情景や心情の描写を取り入れて、詩歌をつくったり随筆を書いたりすること。」などである。それらの多くは、文学分野についての言語活動である。

改めて、「30年版」をみる。20種類の言語活動がある。その中で最多の記載は「まとめる」で、15回である。また、全ての領域に共通する言語活動として「批評する」があり、12回の記載である。「事例集」の「記録、要約、

説明、論述、討論」については、「説明、論述、討論」はそのままの語用などで、「要約」については「まとめる」の語用によって、「記録」については「書く」や「まとめる」などに内包されている語用によって、それぞれが表されているととらえてよいだろう。「30年版」でもやはり、「事例集」における5種類はしっかり網羅されているのである。そこで、「事例集」における5種類の言語活動を「基軸となる言語活動」と本稿ではとらえていく。

「30年版」と「21年版」を照らし合わせる。言語活動の種類はほぼ同じであるが、「21年版」では29の言語活動例が示されているのに対し、「30年版」では88の言語活動例が示されている。およそ3倍の例示となっている。「まとめる」「発表する」「討論する」など共通のものが多いが、「質問する」「同意する」「反論する」「連絡する」など、「30年版」において新たに加わっているものがある。これらは、話す・聞く領域におけるものが多い。反対に、「21年版」にはあるが、「30年版」では表されていないものもある。「編集する」「音読する」「暗唱する」などである。「音読する」「暗唱する」については「朗読する」に内包されたと考えることもできるだろう。

そして、「30年版」で特徴的なものがある。それは先述の「批評する」である。「21年版」では1回の例示であったのに対し、「30年版」では12回であり、2番目に多いものであり、3領域全てにあげられているのである。「21年版」では「批評する」そのものは1回であったが、「書く」の中には、「意見などを書く」や「批評する文章を書く」などがあった。

これらの言語活動例が整理されての「30年版」の「批評する」でもあるだろう。さらに、「批評する」活動を分析すると、「批評する」ためには「記録、要約、説明、論述、討論」のいくつかがなされる必要があるものと考えられる。つまり、「基軸となる言語活動」である「記録、要約、説明、論述、討論」の総合的な言語活動が「批評する」であると考えることもできるだろう。この「批評する」に代表される29の言語活動が、「30年版」での教科国語の指導における手段や方法であり、「充実させる言語活動」なのである。

2 「大きな言語活動」と「小さな言語活動」

先述したように、「批評する」「まとめる」などが、「30年版」における教科国語の目標や指導事項の達成をするために、充実させる言語活動であり、充実させる手段である。ただし、「30年版」に示された59の言語活動例には、充実させるべき29の言語活動を表す動詞以外にも、多くの動詞が示されている。すなわち、先述した「主節的な箇所における述語動詞」等以外の動詞である「従属節における述語動詞」である。それらを3領域まとめて以下にあげる。

聞く、示す、発想する、参考にする、まとめる、読む、引用する、踏まえる、説明する、要約する、選ぶ、用いる、読み比べる、書き換える、訳す、調べる、集める、整理する、比較する、作成する、関係付ける、再構成する、話し合う

併せて、23種類である。なお、「聞く」や「読む」など、その対象によりニュアンスの異なるものもあるが、ここでは一括している。この23種類から、先述した「充実させる言語活動」のものを除く。「まとめる」「説明する」「書き換える」「話し合う」であり、これらを除くと19種類の言語活動が述べられている。この19種類の言語活動は、それぞれ、「充実させる言語活動」の前提などになっているものである。「充実させる言語活動」の実施に向けた、順序や条件を表しているものである。例えば、「文学国語」における「読む領域」の言語活動例「エ演劇や映画の作品と基になった作品を比較して、批評文や紹介文などをまとめる活動。」とあるが、ここにおける「充実させる言語活動」は「まとめる」である。そして、その前提として「比較する」をするのである。「比

較する」の後に「まとめる」言語活動をする。批評文などを書き「比較する」前に、多種の作品を「比較する」ことが条件なのである。この言語活動例を踏まえた単元をデザインや実施する際に、場合によっては、「比較する」→「まとめる」の一連を、一挙にできないことも考えられるだろう。「比較する」→「まとめる」の一連を1つの単元にて実施すると、時間数がかかり過ぎ、学習者の学習意欲や学習効果に課題が出るなどの懸念があることもあろう。あるいは、「まとめる」活動をより充実させるために、前提である「比較する」ことを重視することがその学習者にとって、より効果的な場合もあるだろう。これらのようなことを考えた際、先述した29の「充実させる言語活動」だけでなく、19種類の言語活動にも留意すべきである。ただし、繰り返すが、この19種類のものは、あくまでも「充実させる言語活動」のためのものである。本稿では、29の「充実させる言語活動」のことを「大きな言語活動」と呼ぶことにする。そして、「大きな言語活動」の前提などとなる19種類の言語活動のことを「小さな言語活動」と呼ぶことにする。

この「小さな言語活動」は、単なる前置きとだけとらえるわけにはいかない。すなわち、「充実」を図る際の重要な視点でもあるからだ。先にあげた「文学国語」の言語活動例エで考えるならば、「まとめる」ことを「充実させる」ためには、複数の作品を「比較する」ことを重視させることであり、「充実させる」ことでもある。例えば、「比較する」というのは、それらのさまざまなポイント（強調・省略・特徴など）をいくつも「比較する」ことである、などといったことを把握させることである。そうすることにより、「比較する」が「充実」し、そうして、「まとめる」が「充実」する。「小さな言語活動」は「充実」の手がかりともなるのである。

「小さな言語活動」は19種類のみとは限らない。「大きな言語活動」自体も他の「大きな言語活動」の充実に寄与するものとなるからである。他にもある。例えば、「現代の国語」における「話す・聞く領域」の言語活動例「イ報告や連絡、案内などのために、資料に基づいて必要な事柄を話したり、それらを聞いて、質問したり批評したりする活動。」を考えてみる。この活動には、文言そのものの記載はなくとも、いくつもの「小さな言語活動」がとらえられよう。「報告や連絡、案内など」は他者性がなくてはならないものであるため、学習者相互で報告等を「試行する」ことなどもなされてよいだろう。「資料」はどの資料を「選ぶ」のかだけでなく、その内容を「分析する」こと、さらにはそれを共同でなすことなどもなされよう。これらは「現代の国語」の「書く領域」の言語活動例「ウ　調べたことを整理して、報告書や説明資料などにまとめる活動。」においても同様のものが考えられる。「小さな言語活動」は多岐にわたるだろう。「小さな言語活動」は、「大きな言語活動」を充実させるための具体的なスモールステップであったり、前提となる十分条件であったりするからである。学習者の状況などに応じて、多種多様な「小さな言語活動」が必要とされることが考えられるのである。単元のデザインや実施にあたっては、その単元において充実させる「大きな言語活動」は何であるのか、そして、それの充実に寄与する「小さな言語活動」が何であるのか、というそれぞれへの企図が求められるのである。すなわち、ここに「教師の腕の見せ所」「指導法研究」が表されてくる。

なお、グループやペアなどによって学習者に取り組ませることは、そうすることによってそれ自体が言語活動となるわけではなく、適切な形態を選んで取り組ませていることである。ただし、そういった形態が言語活動の実施に有効、必須となることも少なくないため、言語活動の実施には、どういった形態がより効果的か、といった観点も重視すべきものである。

3　言語活動「批評する」

先述したように「批評する」という言語活動は「大きな言語活動」であり、「基軸となる言語活動」のいくつかが総合されたものであり、「30年版」における代表的な言語活動である。また、「21年版」にも「批評する」が

1回あげられている。それについては高木まさき（2013）が、「評価的・批判的な読み」として、その国語教育史での系譜と共に詳しく述べている。

「批評する」の言語活動例における「小さな言語活動」を3領域合わせて、列挙する。

聞く、読む、引用する、要約する、読み比べる、参考にする、まとめる、比較する、発想する、集める、作成する、発表し合う、議論する、討論する

以上である。これらが、「批評する」を充実させるための例である。もちろん、「記録、要約、説明、論述、討論」やその他の言語活動も取り入れられよう。これらをもとに、ここでは、「批評する」を言語活動としてとりいれる単元案をあげる。

（1）「読む領域」について

本単元案は、「論理国語」における「読む領域」のものであり、指導事項B（1）「カ　人間、社会、自然などについて、文章の内容や解釈を多様な論点や異なる価値観と結び付けて、新たな観点から自分の考えを深めること。」「キ　設定した題材に関連する複数の文章や資料を基に、必要な情報を関連付けて自分の考えを広げたり深めたりすること。」をねらいとした単元である。

「論理国語」は特に、小中高の教科国語の集大成のひとつともいえる科目である。中でも、本単元でねらいとする指導事項は最後に位置するものであり、まさに集大成となるものであろう。教科国語における「探究」にも大きくつながるものと考える。

本単元案では、対象となる文章単独の単なる内容把握などをねらいとしていない。テーマを基にしたいくつも

の文章等の内容把握も要している。説明的文章を「読む」ということ自体、その文章単独でとらえることは本来的にむずかしい。その主張やテーマの背景であったり、それとの共通や反証のニュアンスのものであったり、先行研究や関連事項であったりといったものまでが必要とされるからである。説明的文章には紙幅や字数などの制限があることもあろうし、説明的文章にとって必要な「文脈」があると考えることもできよう。いずれにせよ、先にあげた「探究」にも関わることであるし、場合によっては上級学校への接続を強く考えた単元案でもある。つまり、「読む」とは、ある意味で制限のないものなのである。読み切れるということのないものであることの実証を、かつ、だからこそ読み続ける・考え続ける・学び続けるということの体感を、「読む領域」においてはさせたいのである。

(2)学習材観

本単元では、「思考バイアス」（池内了・筑摩書房『精選現代文B改訂版』より）を学習材の基・起として扱う。この文章は、「帰納的推論」「肯定性のバイアス」「関連性の錯誤」といった、論理的思考をするための手がかりや留意点を述べたものである。そして、その例証として「迷信」を用いたものである。本単元案では、この「迷信」を主たるテーマとし、「迷信」の真偽についてを軸とし、「迷信」ないし「迷信」に関わる論考について「批評する」ことをさせる。

「思考バイアス」を用いるのは、「迷信」といううごく生活に密着したものを扱っていることだけでなく、先述したように、「推論」という論理的思考の必要性や要件などを言及していることによる。内容そのものは平易であるものの、推論・思考するには何をどうしたらよいのか、といったことを文章として明示している、学習者にとって学びの大きい文章であるととらえる。また、筆者の池内了は多作であるため、教師から提示する参考文献例や、学習者が探し出す文章や資料なども、見つけやすく、手に入れやすいだろう。

「迷信」については、民間伝承といったものもあれば、日常風俗となっているもの、慣用句のようなもの、古来からとらえられていて古典にも表されているもの、など多種多様である。このことは、学習者のこれまでの学び、教科国語の内外の学びを十二分に活かすことができるテーマとなるだろう。

(3) 指導計画・言語活動案

ここでは、具体的な指導計画として単元案をデザインする。

①単元の目標・ねらい

「論理国語」の「読むこと」の指導事項「キ　設定した題材に関連する複数の文章や資料を基に、必要な情報を関連付けて自分の考えを広げたり深めたりすること。」に準拠し、「テーマに関連する3つ以上の文章や資料からの情報等を関連づけつつ、テーマに関する自身の考えを述べる。」とする。なお、本単元でのテーマは「迷信」とし、学習材として「思考バイアス」（池内了）を用いる。

②単元の評価規準

テーマに関する自身の考えの広がりや深まりがある（自身の考えにいくつもの情報が関連付けられている）

③言語活動案

テーマに関連する文章を批評する（該当文章におけるいくつもの情報を記録する　該当文章における主張を要約する　該当文章における自身の考えに有用な情報などを説明する　自身の考えを、グループで論述や討論をしつつ、強化する　など

ただし、これらの言語活動の全てが実施されなければならないわけではない）

④次数と展開

第1次（1時間）：「迷信」についての自身のこの時点での考えを書く

「思考バイアス」を読み、気付いたことや思ったことをメモする

第2次（5時間）：参考文献例を参照しつつ、参考文献を探し出し、それらを批評する

第3次（2時間）：「迷信」についての自身の考えを引用しながら論述する

⑤参考文献例

・池内了（2011）『疑似科学入門』岩波書店（「思考バイアス」の掲載元）
・池内了（2012）『科学の限界』筑摩書房
・池内了（2012）『科学と人間の不協和音』角川書店
・菊地聡（1998）『超常現象をなぜ信じるのか』講談社
・トーマス・ギロヴィッチ（1993）『人間この信じやすきもの』新曜社
・今野圓輔（2021）『日本迷信集』河出書房新社　など

4 国語以外の教科における言語活動

「言語活動」の語は、指導要領の教科国語のページ以外にも書かれている。まず、総則において2回である。それぞれをあげる。（傍線は筆者による）

総則　第1款　2（1）

基礎的・基本的な知識及び技能を確実に習得させ、これらを活用して課題を解決するために必要な思考力、判断力、表現力等を育むとともに、主体的に学習に取り組む態度を養い、個性を生かし多様な人々との共同を促す教育の充実に努めること。その際、生徒の発達の段階を考慮して、生徒の言語活動など、学習の

基盤をつくる活動を充実するとともに、家庭との連携を図りながら、生徒の学習習慣が確立するよう配慮すること。

総則　第3款　1（2）

第2款の2の（1）に示す言語能力の育成を図るため、各学校において必要な言語環境を整えるとともに、国語科を要としつつ各教科・科目等の特質に応じて、生徒の言語活動を充実すること。あわせて、（6）に示すとおり読書活動を充実すること。

これらから、「言語活動」は「学習の基盤をつくる活動」であり、いわゆる評価の3観点となる資質・能力を育む手段であり、「個性」や「共同」の伸長に寄与するものであることがとらえられる。そして、「国語科を要としつつ各教科・科目等の特質に応じて」充実させるものであることがとらえられる。つまり、「言語活動」は、教科国語の資質・能力だけでなく、各教科・科目の資質・能力の育成に寄与するものなのである。その「言語活動」を充実させるための「要」としても教科国語はある。そこで、他教科での「言語活動」の具体的な記載の一部を抜粋しつつあげる。

地理歴史　第3款　2（1）

考察したことや構想したことを論理的に説明したり、立場や根拠を明確にして議論したりするなどの言語活動に関わる学習を一層重視すること。

保健体育　第3款　2（1）

言語能力を育成する言語活動を重視し、筋道を立てて練習や作戦について話し合ったり身振りや身体を使

って動きの修正を図ったりする活動や、個人及び社会生活における健康の保持増進や回復について話し合う活動を通して、

芸術　第2款　第1　音楽I　3（8）

音や音楽及び言葉によるコミュニケーションを図り、芸術家音楽の特質に応じた言語活動を適切に位置付けられるよう指導を工夫する。なお、内容の「B鑑賞」の指導に当たっては、曲や演奏について根拠をもって批評する活動などを取り入れるようにする。

などである。これらの他に「外国語」「情報」「農業」「工業」「商業」「家庭」「看護」「福祉」などに「言語活動」の記載がある。すなわち、「説明する」「議論する」「話し合う」「批評する」などがその言語活動例となるだろう。そして、「身振りや身体を使って」「図る」や「音や音楽及び言葉によるコミュニケーションを図り」からは、教科特有の言語を用いての活動も考えられていることがとらえられる。

「言語活動」の記載がない教科・科目においても、実際には「言語活動」を用いての指導をすることが書かれている。

数学　第3款　2（1）

数学的な表現を用いて簡潔・明瞭・的確に表現したり、数学的な表現を解釈したり、互いに自分の考えを表現し伝え合ったりするなどの機会を設けること。

理科　第2款　第1　科学と人間生活　3（1）オ

課題を設定し考察させ、報告書を作成させたり発表を行う機会を設けたりすること。

などである。「表現する」「解釈する」「伝え合う」「報告書を作成する」「発表を行う」などである。

先述したように、各教科・科目において「言語活動」はなされ、そのためにも教科国語の指導はより企図的でなければならないだろう。どの教科・科目では、どの時期に、どのような言語活動を用いようとしているのか、といったことを予め考慮しての計画をつくるのである。教科国語において育成する・しようとしている資質・能力との連携的な計画である。そして、その計画は、中学校段階での教科国語の資質・能力の育成も考慮に入れるべきである。ここで最も重視すべきは、「生徒の発達の段階を考慮し」である。この「考慮」とは、学習者の現況をとらえることである。診断的な評価ともいえる。ただし、それだけではない。近い未来、すなわち、近く実施させる単元での学びにより、学習者がどういった段階になると見込まれるかをとらえておくことでもある。すなわち、教科国語での学びにより、どのような言語活動が可能になるかといったことをとらえておくことである。こういったことが「要」として国語科には求められる。かつ、他教科に対して、その言語活動をより充実させるには、どのようなことに留意すればよいのか、といった手がかりや助言などを与えることもしてみたい。その手がかりなどは具体的には「小さな言語活動」である。理科において「報告書を作成する」言語活動をするならば、「(調べたことを)整理する」や「(文章と図表や画像などを)関係付ける」などを「小さな言語活動」として、学習者への提示や留意をするのがよいだろうとの助言ができるだろう。

【参考文献】
・高木まさき(2013)『国語科における言語活動の授業づくり入門』教育開発研究所。
・横浜市教育委員会編著(2012)『言語活動サポートブック』時事通信社。
・田中宏幸・大滝一登編著(2012)『中学校・高等学校　言語活動を軸とした国語授業の改革　10のキーワード』三省堂。

【実践編】

伝統的な授業：ベテラン教師

×

現代的な授業：若手教師

1

伝統的な

「話す・聞くこと」の授業

「現代の国語」の「話す・聞く」領域における授業
―生徒が主体的に取り組む環境をつくるために―

太田 幸夫（北海道札幌手稲高等学校教諭）

1 「話す・聞く」領域について・単元の背景

《「話す・聞く」領域について》

高等学校の国語科科目「現代の国語」は、「実社会に必要な国語の知識や技能」を習得させることなどを目標とする2単位の必修科目である。内容もさることながら、この科目最大の特徴は、領域ごとの配当時間だ。「読むこと」の領域に10～20単位時間、「書くこと」の領域に30～40単位時間、そして「話す・聞くこと」の領域に20～30単位時間を当て、これを70単位時間の中で行うことが求められている。これはかつて科目「国語表現」導入の際も注目された。しかし、「国語表現」は進路指導に伴う「書く」活動（作文、小論文など）の対応に結びつけられ、「話す・聞く」活動はほぼ省みられなかった。また、前指導要領の「現代文B」も、当初「書く」「話す・聞く」領域への取り組みを示していたが、結果的には「読む」領域の指導に終始した。だが「現代の国語」の「配当時間」の実施について、文科省は本腰を入れている。事実、実施に関する通達が何度も出された。

この流れの布石は少し前にもあった。「言語活動」と「アクティブ・ラーニング」である。生徒間のやりとりを伴う活動により、思考を活性化させ、より豊かな学びを実現しようという試み。生徒にとってはいいことずくめだが、座学・講義型の授業に慣れ親しんだ高校国語教師は「学力保証につながらない」として、言語活動の推進に消極的だ。筆者はそれでも、山が動いた、という感慨を持っていた。

さて、「話す・聞く」領域は、双方向の活動である。生徒間にとどまらず、教師から生徒への働きかけにおいてもスキルへの意識が求められる。児童・生徒は、小学校入学以来「伝え合う力」を身につけることを要求されてきた。私たち高校国語教師が、最もコミュニケーションスキルに疎いと言われかねないのだ。筆者は「スキル」を意識することで、より「資質・能力」の育成が可能となる、と考える。

現在の勤務校における課題は、「読解力の向上」である。かつて「国語総合」は、勤務校では現代文分野2単位、古典分野3単位の計5単位で運用されていたが、令和4年度以降の教育課程において「現代の国語」「言語文化」ともに各2単位の配当となった。それゆえ「言語文化」は古典分野のやり繰りに苦慮しながら今年度の取り組みを行っている。「現代の国語」は、「書く」「話す・聞く」領域の取り組みを求められている。論理的文章の「読み」だけに時間を費やせない。限りある時間の中で、「話す・聞く」活動をしながら、「読む」に係わる資質・能力をどう伸ばしていくか。

その答えは、「読む」ことをしながら「話す・聞く」「書く」を進めることである。文章を「読み」、それを足がかりに「話す・聞く」活動を行えば、自ずと「読む」力は付く。そういう共通意識を国語科教員の中で持つことができるように、意識的に教員間のコミュニケーションを取ることが、今回求められている。

最後になるが、「話す・聞く」領域は、生徒自らが挑戦するような雰囲気の中で行うことで、はじめて「生きる力」の資質・能力の育成につながる。「話す・聞く」パフォーマンスが上手にでき、そこにやりがいを感じる生徒もいるが、「話す」だけで強く抵抗感を抱く生徒も存在する。課題の難度の軽重はともかく、気持ち良く「話す」ことのできる環境作りが求められる。雰囲気の良いグループを見つけ、笑顔で聞き入る。授業者がコーディネーターとして〝良き観察者〟であり続けようとすることで、「話す・聞く」集団の空間は、前向きなものとなっていく。授業者から学習者への、共感的なまなざしは、教室空間の雰囲気作りに欠かせない要件だと考える。

《単元の背景》

今年度「現代の国語」は、東京書籍『精選現代の国語』（2東書現国702）に掲載されるうち、1月までに4つの単元で「話す・聞く」領域の授業を行った。ここでは2つの単元に絞って紹介する。

○「分かりやすい説明をする」

この単元では、以下の過程での学習活動を設定した。

1　原稿作り　2　スペシャリスト討議　3　グループ内発表　4　振り返り

教科書本来の目論見は、実際の生活場面での「説明」を意識した「話す」活動の充実であると考えられる。その意図を汲みつつも、生徒の思考力・表現力の向上を目指した。

コミュニケーションスキルを高めるために、「ジグソー法」に基づく活動を設定した。とりわけ「スペシャリスト」の過程を加えたことが、「伝える」能力の向上に資するものと考えた。更に、この授業は6月の実施であることから、入学して数ヶ月を経過した生徒間の、コミュニケーションを増やす機会として有益であろうと考えた。

○「発想を広げて課題を見つける」

この単元では、以下の過程での学習活動が設定されていた。

1　マッピング作成（夏休み課題）　2　グループ内発表　3　テーマ（再）選定　4　テーマ考察

5　カードによるグルーピング　6　グループ毎の発表　7　振り返りシートの記入
これら全てを行うと7時間は優に超える、活動量の多い単元である。しかも「マッピング」は個人の興味・関心によるところの多い活動であり、一斉に取り組むことにはそぐわない要素がある。夏期休業後の授業となることもあり、「マッピング」を授業外の取り組みとすることで、最大でも5時間程度の活動に収めることが可能となった。

コミュニケーションスキルとして、「ブレーンストーミング」「KJ法」の取り組みが設定されており、なかなかボリュームがある。これらをきちんとこなすのは生徒にも教師にも負担がかかる。こういう単元は「経験させる」ことを念頭に置くべきである。あえて時間を細かく区切り、順次活動を進める。生徒は興味が湧くと、よりよいものを志向し、時間をかけがちになる。それは長期的には「活動疲れ」につながっていく。長い目で「言語活動」に取り組ませるためにも、時間で区切って次の活動に進める姿勢が必要だ。

2　学習材観

○「分かりやすい説明をする」

「分かりやすい説明をする」は、説明の望ましい方法を考え、教え合い（のロールプレイ）を行うものである。教科書に掲げられた「課題」は、行き先の説明と旅行プランの提案、という「実用文」に即したものであった。筆者はその要素を踏まえつつ、「課題」に手を加えた。所収の「課題」は、生徒たちには易し過ぎる。そこで、いわゆる「術語」の説明を行うことにした。選んだ語句は、以下の通りである。

> アポロ計画　SDGs（持続可能な社会）　コモディティー化　ソサエティー5・0　脱工業化社会

ディストピア（逆ユートピア）　デジタルデバイド　ピグマリオン効果　プラシーボ効果　モンロー主義

これらの選定は、大学院の入試問題や、筆者がかつて受講した「免許更新講習」で学んだ語句などを用いた。概念として難しい要素を持つ語句を投げかけることで、思考の要素を強く持たせようとした。

語句の説明を考える場面では、クロームブックを活用し、ウェブページ「コトバンク」で必ず調べるよう条件付けをした。生徒は放っておくと「ウィキペディア」に飛びつく。最初に（辞書の記述を採用する）「コトバンク」に触れさせることで、以降の調べ活動の幅を広げさせることを目論んだ。

また、この単元では教え合いの前に、（「ジグソー法」の）「スペシャリスト」の討議時間を設けた。自分の考えた説明を、同じ語句を担当する生徒同士で出し合い、よりよい説明を仕上げるのだ。クラスの中に、同じ語句の説明を担当する者が４名いるので、そこを生かすこととした。

発表については「１人３分」という以外に、特別な条件付けは行わなかった。

授業立案者としては、これら一連の活動を通してジグソー法、ブレーンストーミング、ショウアンドテルといったスキルを経験し、自己内の対話、傾聴、省察という資質・能力を身につけることを目指した。

○「発想を広げて課題を見つける」

「発想を広げて課題を見つける」は、まず夏期休業中の課題として、興味・関心のある事項についての「マッピング」作成を課した。休業明けの授業で「マッピング」の内容の発表をグループ内で行い、グループ毎に更に掘り下げたいテーマをひとつ決める。決めたテーマについて調べ学習を行い、調べた内容を付箋に書き出してグループでまとめ、ランキング（順位付け）を行う。続いて発表用のポスターを作成し、グループ毎に発表する。

このように本単元はマッピング、ブレーンストーミング、ポスターセッションなど複数の言語活動の組み合わせで構成される。なお、授業の流れはほぼ教科書の示す手順に従った。

教具（付箋紙、ポスターの用紙、サインペン）もこの活動を左右する大きな要素である。これらについて見通しを持って準備し調達することも、授業の成立を左右する大きな要素であることを指摘しておきたい。

なお、資質・能力として傾聴、省察の能力を高めることを目指した。

3　指導計画・言語活動案

○「分かりやすい説明をする」（6月）

1　単元名　3　話す・聞く『分かりやすい説明をする』

2　実施日　令和4年6月

3　授業者　太田幸夫、〇〇〇〇

4　目　標　①目的や相手に合ったわかりやすい説明をする
②分かりやすい説明のためにどのような工夫が必要かを理解する
③相手に伝える意識を高め、自己の表現を豊かにすることができる

5　実施の流れ　（3時間配当）

・第1・2時限
①P22～28を通読する。
②ワークシートAを用い、内容の整理をする。
→「分かりにくい／分かりやすい」の差・「分かりやすい」のポイント・ロールプレイ・相互評価・活動の振り返り

③授業者から生徒に課題を与える。

アポロ計画　SDGs（持続可能な社会）　コモディティー化　ソサエティー5・0　脱工業化社会
ディストピア（逆ユートピア）　デジタルデバイド　ピグマリオン効果　プラシーボ効果　モンロー主義

④クロームブックを準備させ、「コトバンク」の使い方を説明する。
⑤課題を説明する構想を立て、説明をつくる。
⑥（次時の予告）課題について、説明のロールプレイを行う。

・第3時限
⑦同じ課題を持つ生徒同士を集め、お互いの説明を発表し合う。
⑧教員に指示された3人1組のグループで、説明（のロールプレイ）を行う。
⑨ワークシートBを基に、振り返りを行う。
⑩（次時の予告）「書く」活動の「手順を整理して正確に伝える」に取り組む。

6　**言語活動案**

A＝「ジグソー法」に基づく、教え合いの活動

「5　実施の流れ」の⑦⑧は、ジグソー法に則った活動である。

⑦は「スペシャリスト」と呼ばれる段階で、生徒が自分で調べ、まとめた事項を、同じ課題に取り組んだ者同士で教え合い、その練度を高める。

⑧は「スペシャリスト」の段階を終えた者が、改めてグループ内で他の成員に教える。

B＝ショウアンドテル

「5　実施の流れ」の⑧は、ショウアンドテル（見せながら説明を語る）活動でもある。説明の方法としては、視覚的要素を取り込むもので、より説得力の向上が期待できる。

7　**単元の評価規準**

1：（知識・理解）目的や相手に合ったわかりやすい説明を理解できたか

2：（思考力・判断力・表現力）分かりやすい説明のための工夫をすることができたか

3：（主体性）相手に伝える意識を高め、自己の表現を豊かにしようとすることができたか

○「発想を広げて課題を見つける」（8・9月）

1　**単元名**　6　話す・聞く『発想を広げて課題を見つける』

2　**実施日**　令和4年8月〜9月

3　**授業者**　太田幸夫、○○○○

4　**目　標**　①思考・発想を広げるための方法を知る

②思考・発想を広げるための手法を実践し、運用の仕方を理解する

③伝える意識を高め、分かりやすい表現を工夫することができる

5　**実施の流れ**　**（4〜5時間配当）**

・第1時限

①教科書p57〜59を通読する。

②夏休みの課題ワークシートを出し、発表の準備を行う。

③4人1組のグループで、順番を決めてスピーチを行う。　※振り返り用シートの利用

④4人の発表の中で、更に深めたいと思ったテーマをひとつ選ぶ。
⑤（次時の予告）付箋紙を1人10枚程度持参することを指示する。
・第2・3時限
⑥教科書p60~64を通読する。
⑦模造紙を配布する。
⑧教科書［3］の（1）（2）（3）の手順を踏まえて、「カードによるグルーピング」を行う。
※特に、グルーピングとランキング（順位付け）に留意する。
⑨⑧の結果をもとに、発表用のポスターを作成する。
⑩（次時の予告）クラス内でグループ毎に発表をする。
・第4（~5）時限
⑪発表準備をする。 ※完成したポスターを黒板に貼る。
⑫グループの発表順を決める。
⑬グループ毎の発表をする。 ※振り返り用のシートの利用
⑭最も説得力のあったグループを選ぶ。
⑮振り返りシートの記入を行う。
⑯（次時の予告）教科書p78~「言葉は世界を切り分ける」を読む。

6 **言語活動案**

A＝マッピング

夏期休業中の取り組みにおいて設定。

自らの興味・関心に応じて、自由に発想し、可視化させることを目的とする。生徒にはグーグル・クラスルームを通じて連絡・指示（教科書を参照して作成）を行った。

B＝ブレーンストーミング

多くの人が一つの問題について、あらゆる角度からアイデアを出し合い、ふるいにかけること（三省堂『国語辞典』より）。

第1時限の④がこれにあたるが、広義には第2時限⑧⑨もこれに該当する。

今回はお互いが出したテーマの中から、より内容の理解を深められるもの、という条件のもとで考えさせることとした。

C＝KJ法

KJ法とは、川喜田次郎氏の発案による思考方法の一手法で、断片的な情報・アイデアを効率的に整理する目的で用いられる。ブレーンストーミングの発展形のひとつといえる。一般的には、カード状の紙（付箋）に1つ1つの情報を記し、そのカードを並べ変えたり、グルーピング（グループ化）したりすることで、情報を整理する。

自由に発言する、アイデアを批判しない、判断や決断もしない、アイデアを組み合わせる、質より量を重視するといった姿勢で取り組むことを共有することで成功に近づくとされる。アイデアを可視化できる、論理的に情報整理ができる、少数意見を活用することができる、課題や問題点を洗い出せる、情報を共有しやすい、というメリットがある。（以上は「東大IPC『KJ法とは？メリットやデメリット、やり方・手順を解説』参照」）藤原和博は「知恵出し→見える化→グルーピング→ネーミング→重みづけ」と説明する。テーマに深い認識・理解がなくとも、手順通りに行えばそれぞれの断片的思考が整理される。

筆者は色々な場面で活用してきたが、拙い思考が整理され、可視化される過程に驚く姿を目の当たりにしてきた。

この単元では、第2時限⑧⑨にこの手法を導入した。教科書の指示通りに行えば間違いなくKJ法の手順を踏んだものとなる。執筆者の深い理解と実践を感じさせる記述である。

7 単元の評価規準

1：（知識・理解）思考・発想を広げるための方法を理解したか

2：（思考力・判断力・表現力）発想を広げるための手法を実践し、運用することができたか

3：（主体性）伝える意識を高く持ち、分かりやすい表現を工夫することに努めたか

4 学習指導の実際

○「分かりやすい説明をする」（6月）

まず、教科書の該当箇所を用いての解説の後、内容の整理をするためにワークシートに取り組んだ。その後、今回は教科書の課題ではなく、授業者の設定した課題に取り組むことを指示した。これらの課題はA4版用紙に出力し、フリップとして配布した。後でグループを編成する際、隣に同じフリップが当たらないように気をつけて配布した。

そして、この時点で3人一組のグループを発表した。座っている座席の近辺で編成し、指示は授業者が行った。これはグループの中に同じ語句を担当する者がいないことの確認ともなる。実際には、欠席者の関係で同じ語句の者がグループにいるという事態もあり、慎重に確認し、場合によって入れ替えをした。

続いて、説明を作るために、フリップの語句についてネット上で意味を調べ、3分程度で発表できるようにま

とめることを指示した。ここでは、「コトバンク」の利用を必ずすることを条件付けた（なお、授業者は全ての語句について「コトバンク」の記述を閲覧している）。「コトバンク」で不足を感じた部分、あるいはより情報を集めたい生徒には、任意で情報を検索してよいと付け加えた。

ここから後は生徒に任せたわけだが、生徒はⒶフリップの裏に鉛筆で説明文を書く者、Ⓑグーグルドキュメントでネットの情報をコピー&ペーストとしたり、編集したりして説明文を仕上げる者、そしてⒸグーグルスライドを立ち上げ、ネットの情報をコピー&ペーストとしたり、編集したりして説明文を仕上げる者、など多岐にわたった。これは、授業者としては意図していたわけではなく、せっかくクロームブックを手にしていることから「好きに使ってよい」と返答したまでのことであった。これは良い意味で生徒間に連鎖し、それぞれの良さを体感することにつながったと考える。

20分ほどで作成できた者もいれば、検索に興じてなかなか言語化に向かわない者もいた。説明に苦慮する生徒を数名見つけたので、授業者は「説明する語句の対義語を調べると、説明の深みが出ますよ。例えば『ディストピア』ならば『ユートピア』の意味を調べて、それと対比すると、違いが見えやすくなります」と全体に投げかけた。

情報の検索を通じて「自己内の対話」が行われていたことだろう。次の時間までに説明を整えることを指示して第1時限は終わった。

第2時限は、予告無しに「スペシャリスト」の討議を仕掛けた。教室内にいる、同じ語句を担当する人と集まり、どのように発表するか、事前発表を行うよう指示した。実は手間だったのは「○○の人は…ここに集まって！」と、場所を割り振りすることだ。ここは適当に行ってはいけない。まだ学習集団としてはできたばかりで、お互いに顔を知らない、話をしたこともない者がたくさんいる状況だから、授業者が労を惜しまず誘導する。これはその後のグループワークの円滑な動きにつながる。

ジグソー法の「スペシャリスト」は、初めて経験する生徒がほとんどであった。授業者から「自分が考えた説明を、ほかの人に発表してください。よりよい説明を目指そう。ほかの人の説明を聞いて、使えそうなこと、よい説明はどんどん頂こう。先週休んだ人は、教えてもらおう。」と声をかけた上で、活動に入った。これは（結果的にだが）コロナウイルス感染症の対応で登校できなかった生徒のフォローともなったし、十分な説明を考えつかなかった生徒の、自信回復の場ともなった。ここは移動を込みで15分程度使った。

この後、いよいよグループ内発表となる。もとの座席に戻り、第1時限に指示したグループで発表を行う。発表の仕方について、こちらで指示したことは「話し合って順番を決めること／3分以内の発表を心がけること（長くなりすぎないこと）／発表者はフリップを見せながら発表すること／聞き手は、発表者が気持ちよく行えるよう一生懸命に聞くこと／発表と発表の合間にワークシートの講評を書くこと」の5点であった。それ以上の条件付けは授業者の側では行わなかった。

実際の発表では、裏に説明を書いたフリップを見せながら発表する生徒、フリップを見せながらも、その裏にグーグルドキュメントで作った説明を見ながら発表する生徒、グーグルスライドで作った資料を見せながら発表する生徒など、各人の創意ある工夫が見られた。これはこちらから指示したものではなく生徒が自発的に行ったものであった。ICTの活用については、こちらが構えるのではなく、既に中学校で慣れていた生徒の工夫を受け入れることで、豊かな学びが展開されるのだという実感を持った。

「ショウアンドテル」の要素は十分に達成されていたと感じた。

最後に、ワークシートを用いて振り返りを行った。授業者からは「今後の学びの見通しを持った振り返りを行うこと。今回できたことと、次回はできるようになりたいことを言語化しよう」と指示した。生徒たちは意欲的に取り組んでいたが、生徒が自分を厳しく捉えている生徒が多いという印象を持った。発表を楽しみつつも、まだ不十分だと感じている生徒が多いのだと思われる。

生徒の振り返りより

・相手に分かりやすく伝えようとすると、例を出すことが一番伝わりやすくなる方法だと、他の人の発表を聞いていて思った。一つの内容を話すたびに最後に一文くらいでまとめるといいと思った。

・メンバーの人の発表を聞いて、もう少し分かりやすい身近な例えを考えた方が良かったと感じた。また、図や写真を取り入れたらもっと分かりやすくなると感じた。今回の学習を通して、対義語を用いたり、話す順番を工夫することで分かりやすく伝えることができると感じたので、これからの授業の発表で生かしていけたらいいなと思う。

・今回のロールプレーを振り返って、みんなくわしい事は知らない言葉だと思ったので、みんなの反応をうかがいながら説明することができた。しかし、少し早口になってしまったとこ（ろ）があったので、このような難しい言葉を説明する時には、先走りせず、落ち着いてやるべきだと思いました。

○『発想を広げて課題を見つける』「発想を広げて課題を見つける」（8・9月）

夏期休業中の課題「マッピングの作成」は、授業で予告をし、マッピング用のB４判用紙を配布したが、取り組み方はグーグル・クラスルームを通じて行った。「取り組み方は教科書を参照すること」という簡潔な指示と、（念のための）ＰＤＦ版のマッピング用紙を送付した。これでどれだけできるか、ということを見極める要素もあった。

「マッピング」は生徒自身の興味・関心に依るところが大きい取り組みである。まして休業中の課題ということもあり、自分の判断で行ったことで、個人差の大きいことが予想された。このご時世ゆえか、ＳＤＧｓに関わる問題、特に「環境問題」をマッピングに仕上げる生徒が多かった。ＳＤＧｓの取り組みが、結果として思考の幅を狭めているのだとしたら、それは大いに問題ありと考える。自分の興味・関心が広がりを持つものかどうか、それが「マッピング」によって可視化される。その特性上、感性や思考の広がりを二次元化している作業シートが望ましいのだが、この単元の主眼はそこにはないことを指摘しておきたい。

結果として、ほとんどの生徒が期日（夏期休業明けの最初の授業）までに提出を終えた。グーグル・クラスルームからの「提出」を行った生徒が1名のみいた。

「マッピング」についてのグループ内発表は、休業明け後最初の授業ではなく、その次の回の授業で行った。「分かりやすい説明をする」の経験が生きており、説明を聞きながら講評を書き、発表後に更にまとめるということを苦にすること無く行っていた。

発表自体は10～15分で終わったので、そのまま「3　テーマ（再）選定」に移った。

マッピング以降の作業は、広義のブレーンストーミングと理解してよい。生徒は拙いながらも話し合いをし、テーマの確定を進めた。見たところ、話し合いだけで決定に至ったグループは半分以下で、多くは指差しの数やじゃんけんで決定していた。中には4人とも「マッピング」のテーマが「環境問題」で、異論なく「環境問題」を再テーマの設定としたグループもあった。この段階を深めることなく決めたグループが、後ほどのポスター制作や、発表で苦戦することが多かった。この点はまだまだ改善の余地があると考える。

「テーマ」の調査は、既に「分かりやすい説明をする」で経験済みなので、生徒各自が思い思いに調べを進めた。調べたことは付箋紙に記載することになるが、授業者は目安として「最低5項目、できれば10項目」と指示した。

ここでの課題は「付箋紙」であった。単元に入る前の授業で、75㎜×50㎜の付箋紙を見せながら「このくらいの大きさが理想的だが、自分で買ってもらうものなので、家にあるもので構わないです」と説明していた。そのためか、12㎜×75㎜や12㎜×50㎜を持ってくる生徒が散見された。一定の文字数が書ける、多少離れても読める文字が書ける大きさと考えると、せめて24㎜×75㎜を持ってきてほしいところであった。このように「書く」要素を伴う言語活動の場合、文字のアウトプットは成否を左右する要素となる。

さて、この単元の白眉は、いわゆる「KJ法」の手法による思考の整理である。付箋紙による「思考の可視化」、その後に「グルーピング」「ランキング」を行い、自分たちの意見を見いだすこととなる。

調べた結果を書いた付箋を目の前においてもらい、発表順を決めて、他のメンバーに発表をする。全員が終わったところでグルーピングの例（前年度以前に授業者担当クラスで行ったもの）を見せ、イメージを持ってもらう。また、黒板に以下の内容を板書した。

1　付箋紙の見せ合い
2　付箋紙の内容の発表
3　グルーピング
4　ランキング（上位1～3位でよい）　※教科書には設定なし。授業者が追加。
5　ポスター作成

この説明で、大方の生徒は流れを理解した。教科書を参照し、黒板に貼った見本をもとに、生徒は以降の活動に取り組んだ。「ランキング」にはちょっと戸惑う様子も見られたが、この活動によって「話し合い」が確実に生まれる。

この後にポスターづくりに進んだ。今回はA１判の上質紙（一般的な模造紙の半分弱のサイズ）でポスター化した。これは４人１組のグループワークにはちょうど良い広さであった。ポスター作成時には太めのカラーサインペンを用意し、文字の大きさ・見やすさを工夫するように指導した。文字を「書く」ことの配慮も「話す・聞く」活動を左右するものとなる。

続いて、グループ毎の発表を行う。司会進行は、今回は授業者が担当した。ポスターを一斉に黒板に貼り出してもらい、発表順は授業者が指示した。

発表については「３分以上５分以内を目処とする／発表を聞きながら、講評用紙を書く」ことを指示した。グループの多くは、４人で説明箇所を分担し、交代しながら説明を行った。生徒はポスターの作成に労力を費やし、説明発表の準備はあまり本腰を入れていなかったように感じる。発表自体は順調に進行したが、質問はあまり出なかった。発表が終わる毎に授業者がコメントをした。基本的には「良かった点」を紹介した。

最後に振り返りシートの記入を行った。グループで行ったこともあり、「分かりやすい説明をする」よりも「うまくいった」という感想が多かった。「学びの見通しを持つ」という観点で考えるならば、次回に向けての課題を提示できることが、期待される振り返りの内容なのだが、その要素はグループの取り組みでは弱まるのかもしれない。

この単元では、豊富な言語活動が特徴であったが、援用したスキル（マッピング、KJ法、傾聴、省察）は「分かりやすく説明をする」と共通するものが多く、概ね良好に取り組まれた。特にKJ法は、はじめて経験する生徒が多かったものの、よく消化していた。

生徒の振り返りより

・一人では思いつかなかった意見や案も、グループの中で考えることによって沢山の見方を発見することができて面白かったです。一つの分野にとらわれず、色々な視点から物事を考えることで幅広い意見を出すことが出来ました。

・マッピングでは、少し調べたあとは自分の考えを書いていったけ（れ）ど、書けたのはほとんどはじめから考えていたことだけで、あまり新しく広げることはできなかった。グループで、ふせんを使って考えたときは、はじめに一人でふせんを書いたときはあまり多く書けなかったけ（れ）ど、全員分のをまとめてからまたいくつか案を増やすことができたのは良かったと思う。

・自分が調べてきたその他にも色々な意見が出てきて「なるほど」と思うことがたくさんあった。一つのことについても様々な観点から考えることができるなと改めて感じた。話している途中に個人的に気になったものが出てきたので、今度調べてみたいと思った。

5 まとめ・考察

2つの単元の取り組みを振り返り、授業者が感じた課題を何点か挙げたい。

まず、「話す・聞く」領域の活動は、生徒主体の活動となるように構想し運営しなくてはならない。教師の指示が多いと、次の活動が停滞し指示待ちを生むのだ。

とはいえ、任せ切りでも良くない。我々は現状に満足してしまい、気づくとルーティン化した行動を取ってしまいがちだ。「話す・聞く」領域の活動は、知識としては理解できても実際に身体を伴う活動をしたことがない活動を経験させることに意義があるが、全てを生徒に預けてしまうと、結果として学習動機の低下につながりかねない。

知人から、この1年間「現代の国語」に取り組んだが、盛り上がりに欠け、その方自身も達成感を感じられないという嘆きを聞いた。これではいけないと思い、年末の取り組みにおいて、教師―生徒との「1対多」のコミュニケーションをベースにした活動に取り組んだところ、大いに盛り上がったという。

次に、教師の「コーディネーター」としてのあり方である。生徒に対して「適切な関わり」をどう設定し、仕掛けるか。我々教師は「ティーチング」による授業を受け、自分自身も「ティーチング」の技術を磨いて教壇に立ち続けていたのである。その立ち位置を変えるというのは、そう簡単なことではない。しかし、言語活動や「話す・聞く」領域の活動においては、その双方向的なやりとりゆえ、「コーディネート」の発想が不可欠である。

教員の自己研鑽の場は、「免許更新講習」のような仕組みがなくなった今、自分たちで求めていかなくてはならない。校外に向けてアンテナを高く張ることが必要であるし、身近にいる教師の取り組みで、魅力的なものをどんどん取り込んでいく意欲を持つことが必要であろう。

教師の仕事は範囲が広く、かつ、裁量の範囲も広い。私が教員になった頃、トータルで見ると休暇も多かったこの職種が、30年を経過した今、気が付くと「ブラック」化していた。それは青少年の育成に係わる機能の不全と言える部分を、家庭や社会ではなく、学校が担ってきたことの積み重ねであろう。

それゆえにこの仕事は「尊い」。できること、できる時間は限られているが、その中で「社会」に向かっていく若者のサポートをしているという自覚のもと、児童・生徒の「コーディネート」を行うこと。これは、ＡＩに譲れない、教師の最後の聖域ではないかと考える。

現代の国語WS　「聞く・話す」活動　「分かりやすい説明をする」B

一年　組　番　氏名（　　　）

☆グループのメンバー（　　　）

一【事前準備】どの用語を使い、どんな説明をするか、簡単に言語化しよう。

用語	説明の構想

二「課題」のロールプレーについて、相互評価をしよう。

①（　　）さん

②（　　）さん

③（　　）さん

三【まとめ】今回の「ロールプレー」を振り返り、自分の取り組みを言語化してみよう。

【資料1】

現代の国語WS　「話す・聞く」活動　「発想を広げて課題を見つける」

一年　組　番　氏名（　　　）

一「マッピング」のグループワークについて、相互評価をしよう。

①（　　）さん

②（　　）さん

③（　　）さん

二　自分のグループで深めることにしたテーマを書き出しなさい。

三　他のグループの発表を聞き、ABCの三段階で評価しよう。

順	テーマ	評価
1		
2		
3		
4		
5		
6		
7		
8		
9		

（裏に続く）

【参考文献等】
・東大ＩＰＣ（２０２２）「ＫＪ法とは?・メリットやデメリット、やり方・手順を解説」
（https://www.utokyo-ipc.co.jp/column/kj-method/）。
・藤原和博、乃木坂46（２０１４）『乃木坂と、まなぶ　はじける　好奇心　とまらない』朝日新聞出版。
・石川尚子著、岸英光監修（２００７）『子どもを伸ばす共育コーチング～子どもの本音と行動を引き出すコミュニケーション術～子どもを伸ばす共育コーチング』つげ書房新社。
・国分康孝（１９８１）『エンカウンター―心とこころのふれあい』誠信書房。
・國分康孝・大友秀人（２００１）『授業に生かすカウンセリング―エンカウンターを用いた心の教育』誠信書房。
・森俊夫・黒沢幸子（２００２）『〈森・黒沢のワークショップで学ぶ〉解決志向ブリーフセラピー』ほんの森出版。
・國分康孝・片野智治ほか（２００４）『構成的グループエンカウンター事典』図書文化。

2

伝統的な「書くこと」の授業①（文学的な文章）

文学分野における「書くこと」単元のデザイン
―随想を材として現代短歌を作成する―

大村 勅夫

1 「書く領域」および「文学分野」について

平成30年告示高等学校学習指導要領において、文学分野を扱う科目として「言語文化」「文学国語」ができた。これらの科目には、さまざまな特徴があるが、その中の1つに「書くこと」の指導がある。すなわち、「文学的な文章の創作」である。想定されている文種としては、詩歌・小説などとされており、本稿は「現代短歌の創作」を提案するものである。

「言語文化」の「書くこと」の「言語活動例」には、短歌作成の活動が述べられている。「ア　本歌取りや折句などを用いて、感じたことや発見したことを短歌や俳句で表したり、～～する活動。」である。「文学国語」にも、「ア　自由に発想したり評論を参考にしたりして、小説や詩歌などを創作し、批評し合う活動。」とある。これら、すなわち、現代短歌の創作は、「言語文化」「文学国語」両科目の、それぞれの全ての指導事項において、どの事項を指導するにも有用な言語活動になると考えられる。短歌作成は、そのものが目的となる単元も考えられるだろうし、言語活動として取り入れることによる書く力育成の単元も考えられるだろう。いずれも魅力的な単元になると考える。

ところで、短歌を作成することは、「短歌を詠もう！」と伝えられ、突如としてできるものだろうか。もちろん、この懸念は、短歌の形式等の前提知識の有無についてのもの、という意味ではない。単元実施の授業の当日ないし数日前に、学習者は、短歌で表すための内容を突如、思いつくことができるのだろうか、あるいは、表したい内容を突如、気づくことができるのだろうか、というものである。学習者にはそれぞれに日々があり、生活があるが、それらは全て別個で、別様である。思いや印象の強度も、すなわち、短歌作成のための材は様々な状況である。その上で、「短歌をつくってみよう」と授業で突如、通知されてつくることができるのだろうか。その内容の材は必ず見つけ出せるものだろうか。さらには、評価はどうするのだろうか。あまりに広範な対象やテーマを短歌にしたものを評価することは困難なのではないか。学習活動として、学習者同士で相互評価したり、改善について話し合ったりする際、その視点がバラバラに過ぎると、やはり困難なのではないだろうか。

ここでもう一度、「言語文化」の「書くこと」についての「言語活動例」に注目したい。そこには「本歌取り」とある。「本歌取り」とはどのようなものか。学習指導要領やその解説には定義はなされていない。『日本うたことば表現辞典本歌本説取編』（２００９）において大岡信は「本歌取とは古歌の歌語の一部や詩情を自作に取り入れて、表現の重層化をはかり、自らのうたことばとして表現する手法」とし、「これらの表現手法は、芸術に共通するものである」として、絵画への取り入れを例とする。つまり、「本歌取り」とは、本歌となる短歌を用いて新たな短歌をつくる、という限定のものではない。また、『岩波現代短歌辞典』（１９９９）において塚本邦雄は、「『本歌』なるものの解釈・限定も多様で、記紀から現代文芸（あえて短歌・俳句とは限定せぬ）まで、一切を含んでよかろう」とする。このことは「言語活動例」にも「本歌取り（中略）を用いて（中略）短歌や俳句で表したり」とあることからも、例えば「短歌を本歌」として「俳句」を作成してもよいだろうことがとらえられる。すなわち、「他の文章」を「本歌」として用いて、自身による新たな「短歌」を作成することも大いに考えられよう。いわゆる「本説取り」や「本文取り」などと同様に考えることは決して不自然なことではない。本稿は、「本歌取り」を広義にとらえ、「他の文章を本として詩歌をつくること」とし、それを活用した単元を提案するものである。

先行研究として、青木雅一（２０２１）があげられる。青木はここにおいて、短歌の創作、短歌の鑑賞のそれぞれの単元から、創作から鑑賞への単元、小説教材を用いての短歌創作の単元などを考察している。創作するだけ・鑑賞するだけではなく、それらを融合させたものであり、その材として小説を用いたものである。ただし、これは、小説の読解のための言語活動として短歌創作を取り入れた側面が大きい単元の考察である。本稿はこれを踏まえ、創作のために散文を読む単元、散文を用いての創作を重視した単元として発展させたものについて、そして、その実践についての考察である。

2　学習材観

本稿では、高校国語科目「言語文化」における「書くこと」の単元として、「共通の文章を本として作歌する単元」をデザインし、提案する。このデザイン単元のねらいは「言語文化」の指導事項「書くことイ　自分の体験や思いが効果的に伝わるよう、文章の種類、構成、展開や、文体、描写、語句などの表現の仕方の工夫をすること。」を踏まえ、「思いが効果的に伝わるよう、語句の選択などをすること」である。表現として短歌創作をし、五七五七七の定型へと当てはめながら効果的に表現できるよう、思考・判断して語句選択などを図ることを学習する単元である。この単元において、短歌作成は単元の目標であり、評価対象であり、主たる言語活動である。

単元デザインに向けて、まず、作歌の前提となる「共通の文章」を設定しなければならない。この「共通の文章」としてはさまざまな文種が活用可能であろう。小説も詩も古典も、もちろん短歌も、いずれも材となり得る。ただし、メッセージ性や書き手の主張が強いものは、そのメッセージや主張が際立ちすぎ、視点の自由度が制限され過ぎるだろう。詩歌もまた、その感動や言葉の制限が大きい。感動や主張を読み取るための言語活動として短歌を作成する単元も考えられるだろうが、それは稿を別にする。本稿では、作歌の材としての「共通の文章」を読むだけである。その文章の内容のさまざまなポイントや語用などから、気に入ったものを材として短歌を作成するのである。そこで、随想を用いることをしたい。随想は必ずしも主張やメッセージがあるものばかりではない。身の回りから気のついたことや思いついたことが書かれただけのもの、はっきりとは思いを述べているとも言えないもの、起承転結などの展開などもぼんやりしたもの、など多様である。すなわち、読者も多様に感動や関心を持つことのできるものである。「主張やメッセージをとらえねば」「ストーリーや心情をとらえねば」と読解への意識を強く迫られるものでもない気軽さが随想にはある。作歌・創作に重点がある単元であるため、読解の比重は軽くなる文章がよいだろう。これらのことから、本稿では「共通の文章」として「随想」を材に用いる単元とする。

また、短歌を用いた随想(以下、短歌エッセイと略す)もいくつもある。その内容に相応しい短歌を添加した随想や短歌の作成経緯が述べられてその短歌と共に綴られた随想などもある。短歌エッセイは、学習者にとっての参考になるものである。

ところで、短歌にはいくつかの機能があると考える。今そこにあるものやことについての改めての発見を表すことである「認識」、そこに至るまでのある程度の一連をまとめることである「要約」、そこから以降を想像するなどすることである「展開」、今やこれからなどを何らかに喩えることである「比喩」、無いものや無い時間をイメージする「想起」などである。文章を本歌取りして短歌を作成する場合、これらの機能が働く。その文章内容から気付きを「認識」したり、文章内容の大部分を「要約」したり、書かれていない今後を「展開」したり、内容の一部を他のものに「比喩」したり、そこに書かれている語や表現などを手がかりに別個のものを「想起」したりなどである。先にあげた、短歌エッセイはこれらの例示として有効だろう。

3　指導計画・言語活動案

単元（2時間）の手順は以下のとおりである。

①短歌のルール（形式など）の確認
②歌人による短歌の例示とその鑑賞
③歌人以外による短歌の紹介
④短歌エッセイの提示（空欄補充など）
⑤随想を踏まえた短歌の作成
⑥振り返り

という6つの手順となる。なお、この⑤と⑥の間に、作成短歌の交流やそれを踏まえた改善などを取り入れることもできるだろう。

教材や授業の準備としては、まず、ワークシートが必要である。これはペーパーによるものでも、タブレットなどを活用して書き込めるものでもよいが、書いたり推敲したりすることが簡易であるものが必要である。ワークシートは、手順の②④⑤それぞれのものが必要となる。②は、ワークシートではなく、スライドなどでもよいが、短歌の例示がなされるため、そこに載せる短歌の選定がいる。同じく、④のワークシートでは短歌エッセイ、

⑤のワークシートでは短歌の材となる随想、の選定がいる。①のルール等は作成の際に、逐一確認したいだろうから、まとまったプリントが準備されるとよいだろう。②⑥では、記入用紙もよいが、アンケート作成ツールを活用することで、学習者たちのそれぞれの感想等の即座の共有に大きく役立つと考える。

評価については、作成した短歌およびそこにおける工夫とそれらの解説を対象として行う。作成歌が五七五七七の定型を守れていたかにより、知識・技能についてB評価とする。ただし、例えば、字余り・字足らず・句またがりなどがあり、それが意図的になされていたことが解説に述べられていた際は、定型以外であってもよい。思考・判断・表現（書く力）については、短歌が随想を踏まえた表現になっていることでB評価とする。また、短歌に倒置や体言止めなどの工夫を意図的に用いているものをA評価とする。これらについては、短歌およびその解説から見とらえる。つまり、随想の中から、その作者の感動や関心を見つけ、あるいは、学習者自身の感動や関心をとらえ、それらを表現するために語や表現を選択しながらつくったものを評価し、かつ、その表現のためにさまざまな工夫を加えたものを評価する。解説は、これらを見とらえるためのものであり、同時に、学習者自身が工夫への意図を持ちやすいようにするためのものである。主体的に学習に取り組む態度については、振り返りや解説などを対象として評価する。

以上が本稿で提案するデザイン単元である。次節では、この単元を実践したものについて述べる。

4　学習指導の実際

単元の実践は、北海道T高等学校において、国語科教諭と1年生13名の協力のもと、行ったものである。連続した2時間を用いた。単元名は「想いを伝えられる言葉を選ぼう」である。

短歌作成のための随想として、川上弘美（2009）「北千住」を用いた。短歌エッセイとして、穂村弘

（２００９）「蜂蜜入門」と俵万智（２０１７）「4年生　ドラムの響き」よりのものを用いた。これらの随想を選んだ理由は次のとおりである。川上のものは、作者の過去の恋愛を振り返った内容だが、それが想起されるものとして「雨」「スエードの靴」「地下鉄」「傘」などがあり、それらの１つ１つが短歌の材となり得る。あるいは、「外出しようとすると、きっと雨が降っているからだ。」と、有り得ないが印象深い表現や心情や、「雨なのに」「傘をささない」「傘をたたんで」の状況が、喧嘩の終わりとして「傘を広げ」「男の子は入ってきた」という叙述の変化から感じられる心情の変化など、「認識」や「展開」などの材となり得るものがふんだんにあると考えられる。穂村のものは、随想に付された短歌が「展開」となっている例示になり、「人間大の蜂が目を光らせて蜂蜜を売っているところを想像」と「認識」の面白さがある。俵のものは、「認識」や「比喩」の例示になると考えたからであり、今の「息子と、友だちのA君」からその祖を「想起」する例になっているからである。

川上の随想を載せたワークシートには、３つの設問とメモ欄がある。設問は、「問1　この文章のテーマはどんなものだと考えますか。論拠とともに答えてください。」「問2　文章内容や先に挙げたテーマを踏まえるなどして、このエッセイに付ける短歌を作成してください。」「問3　問2で作った短歌について、どうしてそのように作成したか、工夫や理由をわかりやすく書いてください。」というものである。スモールステップとして、随想に対峙させ、テーマ等を踏まえて作歌させ、その解説をつくることで振り返りながら改良できるようにする、といったねらいの設問である。メモ欄には以下の文言が添えてある。「メモ欄」（←思いついたことや考えたことを、気軽にどんどん書いてみよう！　ヒント①　短歌に使ってみたい言葉や単語などを思いつくまま書いてみるヒント②　①の言葉などの同義語や類義語などをどんどん書いてみる　ヒント③　仲間や友人のアイディアも遠慮せずに書いてみる）である。これらは、短歌作成に向けた気軽さを感じさせるためのものである。創作という行為が、上段に構えられているような、それだけで困難な感覚を持つ学習者もいるだろう。それを、まずは思いついた単語や表現などから、次にそれらの言い換えられる可能性を、そして、思いつくのに自身以外を手がかりにすることも、といった様々なアプローチを示唆することで、創作への気軽さを持たせるためのものである。紹介する短歌として、相聞歌と雑歌を用い、今橋愛や加藤千恵、山田航、中澤系などのものを紹介した。なお、この紹介した一覧については本稿では割愛する。また、鑑賞や振り返りの共有に向けて、アンケート作成ツールにより作成したものに入力してもらうこととした。

これらをもとに実践した。1時間目は、手順の①と②、短歌のルールや形式の確認、および、歌人による短歌の紹介とその鑑賞である。鑑賞の後、気に入ったり・気になったりした歌を2首選び、それらについての感想を書かせた。2時間目は、手順の③〜⑤、歌人以外による短歌の紹介、短歌エッセイの提示、随想を踏まえた短歌の作成である。③については、大学生が作成した短歌を紹介した。⑤短歌作成は、時間内につくることができなかった場合は宿題とし、ワークシートは後日に回収した。⑥の振り返りについては、授業後の入力とした。

単元実践で書かれた作品や記述、アンケート回答などをもとに考察する。まず、作成された短歌を全てあげる。なお、本稿では、字数などをとらえやすくするため、各句で半角分のスペースを入れることとする。

① 好きだった 靴とあの子は 今どこへ 思い出すのは 雨あたる君
② 雨が降り くつがはけなく さいあくだ いつになったら はけるんだろう
③ あの人に 会えるといいな どこかでね 次の雨は 傘をさそう
④ もう一度 会えるのならば 聞きたいな あのときはなぜ 冷たかったの?
⑤ 雨の中 彼への気持ち あとずさり 太陽のした 会えたのならば
⑥ 居職にて 雨降る音聞き 思い出す 電車に揺られ 冷めかけた恋
⑦ もう少し 一緒にいたい さみしさに 想いこぼれて 「帰りたくない」

⑧　雨をみて　若きあの恋　返り咲く　残っているのは　スエード靴
⑨　ポツポツリ　雨を見つめて　思い出す　ツンデレ君に　恋する乙女
⑩　雨の音　ふと思い出す　あの彼を　とても濃かった　あの瞬間を
⑪　元気かな　雨の中でも　アウトユウ　ワンサプライズの　あいあいがさ

以上の11首である。2名からは未提出だった。これらの中から、いくつかを取り上げ、学習者のとらえたテーマや解説などとともに分析する。

まず、①の歌である。この歌は、「男の子」を「あの子」「雨あたる君」と言い換えている。「あの子」とすることにより、時間や空間の距離が表現され、今は近くにいない関係であることが表されている。「雨あたる君」とエピソードの強い印象部分を引き出すことに成功している。また、「靴とあの子」と並立することで、双方への思いの共通性を感じさせることができる。「要約」的な短歌であるといえよう。学習者は、テーマを「未練」ととらえ、「男の子との記憶をしっかり覚えていることからまだ未練がのこっているのかなと思った。」と記述している。解説には「雨の日に靴のことと男の子のことを思い出すけどけっきょく靴ははかずにまた忘れて頭の中には恋の未練だけがのこるというのを短歌にかいた。靴とあのこをいっしょにかきあのこだけ思い出させることであのこの方が靴よりも好きだったことを表した。」とある。今はないからこその未練であり、好いている靴もはけずにいるように、男の子への思いも忘れられずにいる様を「靴とあの子は今どこへ」と気にかける言葉を用いて表現している。心情を踏まえた言葉を選びながら表現することができている1首である。

次に、④の歌である。この歌は、「な」を繰り返すことでリズムをつくり出し、かつ、それらは「ならば」「な」「なぜ」と意志を感じさせる語であり、歌を投げかけている相手への思いが暗く否定的でもないことがとらえられる。「展開」的な1首である。学習者は、テーマを「私と雨」とし、「私はいつも雨で相棒は雨って感じがしたから。雨との関係性が書かれていたから。」と、「雨」を重視している。解説には「男の子は雨みたいにつめたいなと感じて、あと最後の文章に「元気かな。」と書いてあったので相手にまた会いたいのかなと思いこの短歌にしました。」とある。メモ欄にもいくつも記載があり、「もういちどあえたとき　るのならば　まいてみた　ききたいな」（抹消線は、学習者の記載によるもの）などと、この1首の作成に言葉を選んでいる様がはっきり見とらえることができる。

そして、⑥である。この歌は、随想の冒頭にある「居職」という聞き慣れない言葉を歌の冒頭に取り入れることにより、受け手に興味を持たせることに成功している。また、上の句に現在を、下の句に過去を、と詠み分けることで時世的倒置をし、ドラマ性を持たせている。かつ、上の句の「居職」の「居」という語と下の句の「揺られ」という対比により、今と当時の心境の有り様までが表現されている。「要約」的であり「認識」的な1首である。学習者は、テーマを「恋愛」ととらえ、その論拠として「導入として雨の話から続けて昔好きだった男の子の話。その男の子の話をしばらく書いて、最後にも男の子の話。昔の恋を忘れられない人の話。」としている。解説には、「最初の五七五はそのまま導入部の状況を書いて、後ろの七七は「電車に揺られ」の部分は既に書いてあるところから抜粋し、「冷めかけた恋」は「冷めた」ではなく「冷めかけた」にすることで、まだ恋に対する想いが脳裏にチラついて、男の子と別れても今尚想いが消えないことを表現した。」とある。また、メモ欄には、「居職にて雨降る音聴き思い出す」の記述が線で囲まれ「確定」とあり、次に「電車の帰路で思い悩む意」と書かれている。上の句ができて、下の句については表したい内容は決まったものの、どう書き表すかを考えていた様がとらえられる。そして、その考えにより「冷めた」から「冷めかけた」への選択がなされたことが解説からわかる。表現したい内容についての言葉の選択がなされている。

最後に、⑨である。この歌は、初句に「ポツポツ」「ポツリポツリ」ではなく「ポツポツリ」とオノマトペをつくり出し、一瞬の違和感を持たせることにより、受け手に興味を喚起している。この「ポツポツリ」により、孤独感を印象付けることもできており、二句以降を予想させる効果も引き出している。下の句でも「ツンデレ君」「恋する乙女」と対比的に関係性を表している。これが、先の「ポツポツリ」と呼応しているのである。この歌もまた、上の句が現在、下の句が過去を詠んでおり、「雨を見つめ」る今→「君」に「ツンデレ」されている「乙女」→その結果の「ポツポツリ」の今、と往還されたものとなっている。「要約」的な歌である。学習者は、テーマを「雨にまつわる記憶の中で、好きだった男の子との過去を振り返り、今は別れてしまった男の子の事を思っているもの。そしてその記憶の中でいつも雨が降っている。」ととらえている。解説には、「雨がエッセイの中で多かったので擬音を入れたいなと思ったので、擬音を入れました。普段は雨が降っていて、わたしが傘をさしても入って来なかったり、駅の改札口での別れ際で塩対応だったりするけど、喧嘩をしたときに傘をさすと入ってきているのを見てツンデレだなと思ったのでツンデレと入れてみました。今になっても別れた男の子の事を考えてる事からまだ未練がありそうだなと思ったので、まだ彼を思っている感じを出しました。」とある。雨の叙述が随想に多いことを表そうと擬音を用いることを意図したことや、男の子の対照的な行動を表そうと「ツンデレ」の語を選んだことなどがとらえられる。メモ欄には、「恋する乙女」「ツンデレ君」と並記されており、対比の意図が見とらえられる。また、「ポツポツリ」と「ぽつぽつり」と並記され、片仮名と平仮名のどちらが相応しいかを検討したこともわかる。

どの歌からも、どの解説等からも、学習者が短歌で表現するために、言葉を選択しようとしていることがはっきり理解される。また、学習者は、随想のさまざまな部分に注目し、それに応じた言葉選びをしていたこともわかる。書き手や「男の子」などの人物だけでなく、「雨」や「傘」「靴」などの物、「居職」などの語といったように、随想のさまざまなところに注目している。小説などのようにストーリーや心情変化の全体を追うことを重視するだけでなく、単語レベルから文脈レベルまでいくつもの部分に注目しながら短歌を作成している。随想を材としているよさである気軽さが表れた多様な短歌作品となっている。なお、この言葉の選択については、振り返りからもとらえられる。以下に、振り返りのコメントの一部を載せる。

・実際に文を読んで作ってみて、歌にしたい部分を文字数どうりに表現するのが難しいなと思った。
・いざエッセイをもとに短歌を作るとなると、自分の言いたい内容に合う言葉を適した文字数で考えなければならなくてとても難しかった。
・歌人の人はことば選びがうまいなと思った。どこにどんな言葉を入れれば良いのかをまだわからなくてとても難しかった。

これらの振り返りコメントにはいずれも「難し」く感じたことが述べられている。これらから、学習者は短歌作成に向けて表現に苦心していたことがわかる。自身の表現や言葉の選択への反省でもある。それはつまり、表したいこと・書きたいことに向けて、語句のよりよい選択を思考・判断しながら表現しようとの工夫があり、その主体的な態度があったということである。

また、このような振り返りコメントもあった。

・韻を踏むと、まとまりが出ると感じた。カタカナの存在感はかなり強く、使い方が難しいとも思ったがテーマみたいなのをあらわしやすいのかなぁとも思いました。

このコメントからは、学習者が、難しさも感じながらもカタカナの使い方あるいは韻を踏むことに思考・判断をし、自分なりに評価をしていることがとらえられる。つまり、言葉の持つ側面である音韻や表記といったものへと気づいたのである。書く際の語句の選択に向けた視座の一つを手に入れたといってよいだろう。以上のことから、このデザイン単元のねらいが達成されたといえるだろう。

5　まとめ

本稿では、「言語文化」において書く力育成のために短歌作成をすることとそれに随想を用いた単元をデザイン・実践・考察した。実施した単元の結果から、学習者が自ら選択しながら語句を用いて短歌作成していたことがわかった。つまり、短歌作成に向けて、随想の全体や部分の咀嚼・吟味を踏まえながら、言葉や表現を思考・判断して改善・選択している姿がとらえられる。これはまさに、文学的な文章を書くことへの姿勢である。この単元が書く力育成へと有効であった証左であるだろう。

【参考文献等】

・大岡信監修、日本うたことば表現辞典刊行会編（2009）『日本うたことば表現辞典本歌本説取編』遊子館。
・岡井隆監修、三枝昂之ら編（1999）『岩波現代短歌辞典』岩波書店。
・青木雅一（2021）『高等学校国語授業の探究―短歌の創作・鑑賞指導を求めて―』渓水社。
・川上弘美（2009）「北千住」『此処彼処』新潮社。
・穂村弘（2009）「蜂蜜入門」『世界音痴』小学館。
・俵万智（2017）「4年生　ドラムの響き」『ありがとうのかんづめ』小学館。

3 伝統的な「書くこと」の授業②（論理的な文章）

論理的な文章を構造的に学んでいく

塩谷 哲士（立命館慶祥高等学校常勤講師）

書くことの実践（論理的文章）について、以下のように論を進めたい。

1. 論理的文章を読むこと
2. 記述問題の答え方
3. 書くことの実践（論理的文章）が問われる場面
4. 論理的文章を書く際の基本事項
5. 書くことの実践（論理的文章）の実際①……志望理由書・自己推薦書
6. 書くことの実践（論理的文章）の実際②……小論文
7. まとめ

まず、「読むこと」から始めるのは、「読むこと」が「書くこと」の基本にあると考えるからだ。読者に伝えるために、筆者がどのような工夫をしているか。どのような構成で、どのような言葉を使い、論をまとめているかなどを「読むこと」が、「書くこと」への導きとなるはずである。

次に「記述問題の答え方」としたのは、生徒がこれまで接してきた記述問題の多くが論理的な解を求めるものであり、そこにどのような暗黙のルールがあり、どのような書き方をすべきかを確認することが、論理的文章を書くことへの橋渡しとなると考えるからだ。

3として「書くことの実践（論理的文章）が問われる場面」をあげた。「書くこと（論理的文章）」を実践している主たる場面が、教員の主たる業務である授業のなかではなく、昼休みや放課後に行われる講習や個人指導に偏っている事実の確認である。多くの理由はあるが、全体に向けた「書くことの実践（論理的文章）」は行えないでいる。

4～6では「書くことの実践（論理的文章）」について、指導の具体的なポイントを示す。ありふれた日常のありふれた実践だが、それを明示することで見えてくる次のステップがあると考えている。

7ではこの論のまとめを行う。ここでは、この論のまとめと「書くことの実践（論理的文章）」に内包される、多くの矛盾や問題も問いたい。

1　論理的文章を読むこと

「論理的文章を読むこと」が、「論理的文章を書くこと」の学びとなる点は、限りなくあげられるだろうが、ここでは大きく2点に注目する。その2点は、私の授業のなかで論理的文章の読みの軸にしている2点でもある。

1－1　「精査・抽出・論理的再構成」

「精査・抽出・論理的再構成」とは、教材文を熟読（精査）し、重要な部分に傍線を引き（抽出）、その部分を使って文章をまとめる（論理的再構成・要約）ことである。私は単元の1時間目に、自学自習（予習）の形で行うことが多い。最初から要約文を書くのはハードルが高いので、論理的再構成は図で示すことから始める。

その逆をたどるのが、「書く」という行為だと生徒に伝えている。筆者は、書きたいことのイメージ化（論理的再構成・図）→書きたいことの言語化（論理的再構成・要約文）→読者を説得するための論述の組み立て（要約文を分解し、わかりやすく説得力を持たせる）、という道筋をたどっているだろう。読むという行為は、そのルートを逆にたどって筆者に迫る行為である。もちろん文章のスタイルは筆者によって大きく異なるが、筆者の「伝えたいこと」を読者にわかりやすく、誤読されることなく伝えたいという願いは共通している。

筆者はそのためにどのような語を選び、どのように論を進めているかを「読む」こと。それは、生徒の「書く」行為の基本を形作るものだと考えている。

1－2 「提起・論述・まとめ」

私の授業では、「提起・論述・まとめ」のパッケージを意識して「読む」ことが多い。それは大学受験問題への対応策でもあるのだが、「論理的文章を書く」際の注意事項でもある。

「提起」は話題の提起、問題提起（αとする）のことで、課題文でこれから何について語るのかを示している箇所のことである。それに対する「論述」はαからβ（まとめ）に至る過程をわかりやすく、誤読されることのないように示した論証のこと。「まとめ」（前述のβ）は筆者の見解のことである。

これらが大学受験問題への対応策でもあるのは、αに問題の傍線部があればβに注目する。βに傍線が引かれていれば「論述」部の要約がポイント、「論述」に傍線があれば「論述」内部を精査する、などのいわゆる受験技術を示す際にも有効だからだ。教科書や模試問題、大学入試問題に使われる論理的文章の多くは、この「提起・論述・まとめ」のパッケージが、3セットか4セット並んでいる。つまり「提起・論述・まとめ」に一題の割で問題が作られているということになる。

このことが生徒にしっかり理解されると、彼らが文章を書く際にもそれが生きてくる。彼らの文章にも「提起・論述・まとめ」のパッケージがあらわれるのだ。

以上2点が、「書くこと」を意識した「読むこと」の学びポイントである。

2　記述問題の答え方

前述の「論理的再構成・要約」も同様だが、記述問題の答え方も生徒には悩ましい問題である。具体的には、授業でも頻繁に、講習では毎回、生徒の解答を黒板に書いてもらい、私が添削する形をとっている。生徒は「公開処刑だ」と笑うが、その有効性を理解すると、こぞって自分の答えを書くようになる。その記述問題の答え方指導が、論理的文章の書き方指導に直結している。

その指導について簡単にまとめる。

・解答文の作成は編集作業。

生徒がまず悩むのは「自分の言葉」でまとめることを求めているのか、課題文の語をそのまま使っていいのかという点である。可能な限り（例外は後に示す）、その語を使うよう指導している。

・解答文は、本文未読の中三男子が読んでも理解できるように書く。

わかりやすく、誤読を招かないように書くということだ。「中学三年生男子生徒が読んでも」というのは脚色だが、シンプルにわかりやすく誤読されないようにという意である。また「本文未読」の他者に対する説明であると強調することで、解答に補うべき主語や話題に気がつくようになる。

・解答文に使ってはいけない語、書き換えるべき語がある。

指示語は「本文未読」の他者には理解不能である。比喩は、基本的に読み手に読みを委ねる表現だから極力避ける。専門語、意味の難しい語、課題文独自の個人言語などは、「わかりやすくまとめる」という解答の基本に反している。

・**必要に応じて、語を補う場合がある。**

課題文を読んでいれば当然理解できるものでも、自立した文として読むと何について書かれているのか不明確になる場合がある。主格や前提とする話題が抜けることが多い。

・**可能な限り、対概念を書き込む。**

「すべての価値は相対的」なのだから、書かれている対比項目を必ず書き込むよう指導している。ただし、求められる解答字数によって書くことができない場合も多い。基本的には対概念を書き込むという姿勢を忘れないことが大切である。

・**解答文は、それを読んだ他者に理解できる文章である。**

いろいろな指導を重ねた後であらわれるのが、このポイントだ。端的に言うと「わかる／わからない」文章の峻別である。書いた本人、更にはその仲間たちが「この文章はわかる」というが、私は「わからない」というときである。もちろんじっくり読めば読解できるし、その文章が解答例と通じていることもわかる。しかし私がわかるのは、その生徒を理解しており、彼がどのような文体で話すかを知っているからだ。だからあえて「わからない」と伝える。とにかく「他者はわかってくれない」ことを何度も伝える必要がある。

現代文の問題は千差万別で注意事項はその都度異なるが、上記が基本的な指導事項である。そのどれもが「論理的文章を書く」際の注意事項と重なると考えている。

3 書くことの実践（論理的文章）が問われる場面

国語の領域別の授業時数のうち「書くこと」に示された授業時数は、現代の国語で30～40単位時間程度、言語文化で5～10単位時間程度、論理国語で50～60単位時間程度、文学国語で30～40単位時間程度とされている（平成30年改訂高等学校学習指導要領解説（国語編）第1章第5節2）。さらには総合的な探究の時間に、まとめとしてレポートや論文などを書かせている学校も多いだろう。

はたして、これは現実的に可能な時間設定なのか。これだけの単位時間を「書くこと」に使って、教師は対応できるのか。もちろん「書くこと」の一斉指導、論理的説明の時間等もある。しかし、これは「書くこと」の単位時間なのである。「書き方」の講義を受けるのではなく、生徒一人ひとりの「書くこと」が基本にある。「書くこと」をさせるからには、それを教員が「読み」指導する、添削する必要がある。もちろん自分で推敲する、生徒同士で相互添削を行う工夫もなされているに違いない。しかし、それらも教師による添削が重ねられた上で、可能になるものだと思われる。

「書くこと」に使われる単位時間は、これまで「読むこと」に費やしていた時間から回される。上と同じ資料によると「読むこと」に示された時数は、現代の国語で10～20単位時間程度、言語文化で20単位時間程度（近代以降の文章）、論理国語で80～90単位時間程度、文学国語で100～110単位時間程度とされている。読む力の低下が叫ばれて久しいが、新教育課程では「読むこと」の時間が大きく削られている。ところが、大学入試が求める「読む力」は、従来通りである。

この「読むこと」と「書くこと」の指導時間の葛藤が、高校国語の世界を混乱させている。「書くこと」を大切にするには手が足りないし、「読む力」の低下は何としても避けたい。限られた単位時間とスタッフの数で、どのように対応すればいいのか。問題は山積である。

一方、大学入試改革により「書くこと」の力を問われる場面は急増した。自己推薦書、志望理由書、小論文、課題レポート等々。大学ごとに求める形はさまざまであるが、そこで求められる力は、「論理的文章を書く」力であろう。

各学校の事情で卒業学年である大学受験生を10年ほど連続して受け持っている。そんな私にとっての「書くこと」の指導は、記述問題の答え方、自己推薦書・志望理由書の書き方、小論文の書き方等の指導という、大学入試に特化したものだ。当然、その主たる舞台は講習や個人指導ということになる。

以下に具体的な指導の内容、指導例などをまとめる。

4 論理的文章を書く際の基本事項

まず、論理的文章を書く際の基本事項の確認を行いたい。どれも基本的な事柄だが、論理国語の授業や講習、全体指導の場面や個人指導の場面で幾度となく繰り返す内容である。

①字は丁寧に書く。――あまりにも当然のことだが、雑な殴り書きより丁寧な字で書かれた文章の方がいい印象を与える。字の上手い下手ではなく、「丁寧な」字で書くことを求める。「丁寧に書かれた文章は3割増し」だと言っている。

②用紙に合った字の大きさで書く。――マスの切ってある原稿用紙でも、罫線のみの用紙であってもそれぞれ適正な字の大きさがある。大きすぎる字も小さすぎる字も、読みにくい。

③原稿用紙の使い方、字数指定のあるマス目の使い方、罫線のみの用紙の使い方を理解する。――基本的には原稿用紙の使い方に準じるが、字数指定が明確な場合、書き出しの一マス下げは必要ない。また横書きの罫線のみの場合、行の左右を揃えることなどを注意する。横書きの場合にも、カンマ、ピリオドではなく、句読点を使うよう指導している。横書きの場合は特に電子メールやSNSなど、ネット上でよく使われる書き方があらわれる。注意したい。

④敬体（です・ます体）ではなく、常体（である体）で書く。――志望理由書等では敬体も許されるだろうが、

基本的には常体で書くよう指導している。また同じ文末を繰り返し、単調にならないように文末処理にも注意する。

⑤誤字脱字、漢字、ひらがなの使い分けに注意する。——誤字脱字はもちろんだが、漢字で書くべき言葉、ひらがなで書いた方がよい言葉（無い、事、出来る、等）にも注意する。特にパソコンやスマートフォンで打ち込む場合には、漢字で変換される場合があるので注意が必要である。

⑥わかりやすい表現、誤読を招かない表現を心がける。——句読点の役割を意識する。一文が長くなり過ぎないように注意する。読点の意味（読みやすくする、誤読を招かないようにする）を考えて使う。主語と述語、修飾語と被修飾語が離れすぎないような表現にする。修飾語が二つある場合の並べ方に気をつける、など。

⑦書き言葉で書く。——油断をすると話し言葉（なので、だから、とても、いろんな……など）を使ってしまう。話し言葉を一つ一つ覚え、それを使わないようにするのではなく、より落ち着いた表現、整った表現がないかを考える。一人称は「僕」「俺」は使わず、「私」とする。性差をあらわす語も使わないようにする。

⑧事実と意見を明確に区別する。——論理的文章では、客観的な表現が求められる。文章としてだけではなく、単語単位でも感情を表す語は使わない。トゥールミンモデル（三角ロジック）を理解し、意見は事実と理由づけを明確に示し説明する。

⑨文章の流れに未熟な点がないか注意する。——文のねじれ、不自然な接続詞など、読み手が混乱する表現などを避ける。主語と述語のかかり受けが適切に行われているかを確認したい。前後の文章とのつながりも適切か、飛躍がないかを確認する。

⑩他者の考えを自分のものとしない。引用を明示し、剽窃を行わない。——自分が発見したもの以外は、必ず出典を明らかにする。資料を確認できない状況での執筆（受験の際の小論文など）であっても、可能な限り出典

について記すことが大切である。

以上の10項目は、どれも基本的な注意事項だ。他にもあるだろうが、あまり多くの注意事項を並べても生徒を混乱させるだけだろう。授業での指導、あるいは学年全体に対する指導の際には、10項目で限界だと考えている。指導の時間がとれれば、一つひとつの項目について演習、ドリルなどを使って演習することも可能だ。

5 書くことの実践（論理的文章）の実際①——志望理由書・自己推薦書

高大接続改革が行われて受験シーズンが長くなった。受験シーズンといえば、以前は年末から3月の初旬というイメージだったが、今では夏休みが明けるとすぐに受験が始まり、3月まで続く。学級担任を始め卒業学年団は、授業や講習などに重ねて出願書類の作成、面接指導等に忙殺される。そんな時期に職員室で必ず聞かれるのが、「いったい何が言いたいんだぁ」「こんなに書けないのかぁ」という教員のぼやきである。教員は生徒の書いた志望理由書や自己推薦書を読んで嘆くのだ。学年の国語教員である私は身を縮め、存在を消そうとする。もちろん当該教員は国語教員を責めているのではない。「あー、この文章を添削しなければならないのか」と嘆き、思わず漏れた一言なのだ。しかし、それは確実に国語教員の胸を刺す。

高大接続改革は教員の提出書類を倍増させ、同時に生徒の「論理的文章を書く」力を問う場面も飛躍的に増やした。

3で書いたように、学習指導要領の改訂で「書くこと」が重視され「読むこと」の比重が減った。しかし「読むこと」を問う共通テストや2次試験の難しさは変わらない。それどころか、共通テストはセンター試験より確実に難しくなっている。もちろん「書くこと」も「読むこと」同様に大切だ。それを理解していない国語教員は一人もいない。しかし、点数となって示される共通テストや2次試験を意識すると、どうしても「読むこと」を重視してしまう。まして教員には、従来の「読むこと」の国語の教え方が身についている。「読むこと」の指導の蓄積はあるが、「書くこと」の指導は暗中模索状態だ……。

そのつけが志望理由書・自己推薦書という生徒の出願書類で、一気にあらわれる。全員の指導を行うのは無理だが、せめて担当した生徒だけでも、高校で最後になるかもしれない指導を丁寧に行いたい。

5－1　志望理由書

志望理由書では、生徒の志望理由と大学・学部のアドミッションポリシーのつながりを示す必要がある。生徒の志望を深掘りし、その奥にある知的好奇心を引き出し、学問の水脈につなげる作業を行う。一方で、大学・学部のアドミッションポリシーをはじめとする大学研究も行う。

ここでは、生徒の志望理由の深掘りが重要になる。私の場合、まず生徒が書いた志望理由書を読んで、質問する。面談のように始め、聞き取り作業を経由して、対話に至るイメージである。対話とは不思議なもので、自覚していなかった言葉が本人の口からぽろっと出てくることがある。その言葉を聞き漏らさず、大切に磨き、志望理由のキーワードに育てていく。これを私は「軸を通す」と呼んでいる。

生徒が書いてくる志望理由書には、あれやこれや「もっともらしい」志望理由が並べられているが、相互のつながりに欠けるものが多い。そこに一本の軸を通すイメージである。前述の対話は、その軸を探す共同作業である。

大学研究は、基本的に生徒に任せている。ただし、上記の「軸」は彼らが調べた大学・学部までつながらなければならないし、それが客観的な他者に理解されるものになっている必要がある。

「軸」が見つかれば、あとは通常の添削と同じだ。構成や語の選択などを4の基本事項に照らし合わせながら指導する。

志望理由書の書き方指導の際、二つのことを生徒に伝える。一つは対話の重要性についてである。互いに言葉を探しながら伝えようとする、対話の姿勢から生まれるものを見落とさないように注意すること。また自分のなかで対話を展開する癖をつけること。それはレポートや論文を書いたりするようになったときに、役立つはずだということである。

もう一つは、志望理由書だけでなく、他の部分との間にも「軸」を通していくことについてだ。選抜試験に面接や小論文が含まれるとき、この志望理由書との間に「軸」が通っていると、生徒の像が立体的になり、より明確に理解されることになるだろう。また、この志望理由書と大学生活の間にも「軸」を通して欲しいという、それは私の願いとして伝えている。

5－2　自己推薦書

高校の段階で、すでに研究対象が明確になっており、論文をまとめ学会での発表も済ませている生徒が稀にいる。また化学オリンピックや数学オリンピックで優秀な成績を残した高校生も確かにいる。部活で全国大会に出場し、いい成績を残した生徒であれば、自己推薦もできる。もちろん、そういう生徒を欲しがっている大学もある。しかし、すべての大学がそのような輝かしい経歴を持った生徒を求めているわけではない。一方で、特別な経験を羅列することで自己推薦とする生徒が一定数いる。留学をした、ベトナムでボランティアをした、海外で生活をしていたなどの経験である。これは志望理由書でも同じだ。

大切なのは経験ではなく、経験からいかに自らの思考を深化させてきたかだと私は考えている。経験は金で買える。しかし自らの思考の深化を、金で買うことはできない。経験は小さなありふれたものでかまわない。そこに思考のきっかけを見つけ、深化させてきた過程を自己推薦書にまとめたらいいと生徒に伝えている。また、思考に行動が伴うのは当然である。自分の思考に導かれて行動を起こすことができていれば、高校生としては十分自己推薦に値する。あとはそれを論理的な文章にまとめればいいのだが、自分の思考や行動を客観的に書くことは難しい。

そこで有効なのが、1で書いた「論理的文章を読む」という経験を反芻することだ。高校生はたくさんの素晴らしい文章を読んでいる。その文章では、筆者が自分の思考経験を客観的にまとめている。それらを参考にすることを勧めている。

……正直に言うと、それは3年生の出願時期になって考え始めるのでは遅い。思考を深化させていく癖は、早いうちに身につけさせた方がいい。

6　書くことの実践（論理的文章）の実際②――小論文

小論文にはいくつかのパターンがある。課題文型、データ型、テーマ型、教科連携型がその代表的なものだ。それぞれの指導のあり方について簡単にまとめる。

6-1　課題文型

課題文が提示され、その部分要約や全体要約、あるいは傍線部の読解を求めた上で「あなたの考え」を書きなさいというものが多い。ここでは2でまとめた「記述問題の答え方」を中心に指導する。いくつかの小問に分かれており最後の小問で「あなたの考え」を問うものと、筆者の意見をまとめた上で「あなたの考え」を書きなさいとなっているものの二つに大別される。どちらも「現代文の記述問題の答え」と「あなたの考え」を求めている点では同じだ。指導の重点は「あなたの考え」の部分である。

課題文は、現代の社会問題に関係するものが多い。ここで問われる「あなたの考え」とは、その問題が「現在、どのように社会で話題となり、論議されているか」を知っているか、それに対して「あなたは」どのような姿勢をとっているのか、それはなぜかを問うものである。

では、ここで生徒に求められているものを整理してみよう。

a．現代文の読解、要約能力。

b．現代の社会問題に対する一定の理解。

c．現代の社会問題に対する自分の姿勢を明確にする力。

d．上記の姿勢をとる理由を客観的に説明する力。

e．文章を論理的に構成する力。

aについては、国語の授業や講習で学習している。b、cについても一定の知識と判断を示すことができる生徒は多い。ここで話題にしたいのは、dである。自分の判断の論証ができない生徒が多いのだ。「差別はよくない」「戦争はよくない、平和がいい」で終わってしまう。ここでも生徒の「考える力」不足が露呈する。私は、毎日、新聞記事の切り抜きを印刷して配布してきた。多くの生徒は、それを読んでいる。読んでいるのだが、そこで止まってしまい「考える」という行動を起こさない。だから知識としては知っており、それに対する意見もあるのだが、それは言うなれば誰にでも言える無記名の意見にとどまっていて、思考を深めて得た自分の考えに至っていない。結果として、論証されない意見だけが並べられる。

思考を誘導してしまうことを恐れて、これまでは新聞記事を配布するだけであったが、その場面でも何らかの指導が必要なのかもしれないと考えている。

6－2　データ型

データ型には、複数のグラフや図表を提示し、そこから問題点を見つけ、論じることを求める問題が多い。ここでは、資料をどの側面から切り取るかが一番のポイントになる。複数の資料には、必ずそれを揃えた理由がある。グラフや資料それぞれの示す方向の重なりを見つければいいのだが、生徒にはそれがなかなか難しい。

生徒は、一つひとつの資料から読み取れることを羅列しがちである。それはデータ型小論文を書く際の最初のステップとしては正しい。だが肝心なのは、その後である。一見関係のない複数のデータをどのように結びつけるか。この「結びつける」ことが、先ほどから何度か述べている「考える」という行為だ。これができない。

生徒を見ていると、できないのではなく怖がっているという印象を受ける。複数のデータを結びつけることが、どうして怖いのか。話を聞いてみると、正解でないかもしれないのが怖いらしい。「考える」には、この怖さを乗り越える強さが必要だ。

その上でどうして「結びつけたか」を説明することになるが、「考える」のハードルを乗り越えたら、この説明を一気にやってのける生徒が多い。

6－3　テーマ型

問題文が1行のみ。あるいは2、3行のみ。他にいくつかの資料がついている場合もあるが、提示される資料が極端に少ないのが、テーマ型の特徴である。

これも現代社会の論点から派生したものがテーマとなっている場合が多い。現代社会のトレンドとなっている論点がどのようなものかについて、生徒にどれほどの知識があるのだろうか？　例えば、構造主義、贈与論、負債論、例えばケアの問題、利己や利他に関する問題、他者理解についての問題……。どれほど新聞を読んでいる生徒でも、本を読むのが大好きな生徒でも、テーマ型小論文に対応できる蓄積がある生徒はいるとは思えない。

もちろんそういう生徒はいるし、高校生でも手が届く話題なのだ。それに気がつくのが、このテーマ型小論文に対応する第一歩である。それは、教科書・問題集・模試問題・大学入試過去問題の課題文にすべて書かれていることだ。その一つひとつの文章をただ得点のためのものとせずに、一つの読書体験、生活経験、思考体験として落とし込むことができれば、テーマ型小論文を書く準備は十分に整う。

現代文分野全体のダイナミクス。「すべての教材文、問題文の互いの関係性に気がつき、それらを自己の思考によって結びつけることができる生徒を育てる」というのが、私の次のテーマである。その次には、古典や他教科をも含んだ関係性というテーマも控えている。

テーマ型小論文は、私たち教師に示された指標かもしれない。

6－4　教科連携型

英文型や英語を使った理科や数学の問題、日本語ではあるのだが複数の教科が含まれる問題などが教科連携型である。総合問題とくくられる分野と近しい。このような問題については、専門教科の先生にお願いし、日本語の文章のチェックだけということになる。4にまとめた、論理的文章を書く際の基本事項がそのポイントである。

小論文の指導で悩ましいのは、「こう書くといいよ」という指導者からの提示のタイミングだ。生徒自身が考えなければ、次の小論文に生きる「考える力」は育たない。しかし指導者が何も言わなければ、生徒は立ち往生してしまう。安易に伝えると、言われたままに書くようになり、やはり「考える力」は育たない。経験論に過ぎないが、生徒一人ひとりに「考える力」の具体的な姿を落とし込むことが可能な瞬間はある。ただ、そのタイミングは人それぞれ違うようである。

また、小論文の指導本によくある書き方（結論を先に書くなどの）について、私はいずれかの形を教えてはいない。形については、「大学のゼミの先生に従え」とだけ言っている。私が指導しているのは、1－2でまとめた「提起・論述・まとめ」のパッケージで論じることだけである。

7　まとめ

以上のように、書くことの実践（論理的文章）についてまとめてみた。国語教師として40年以上指導してきたが、未だに「これだ！」という道は見つかっていない。お恥ずかしい限りである。

ただ、自分の非力を棚に上げて言わせてもらうと、みなさん国語教師に求めすぎ、である。新教育課程の時数配分で本当に、これまでの「読む力」を維持し「論理的文章を書く力」が育成できるのか。高大接続改革によって百花繚乱となっている「大学独自」の入試形態が、はたして高校生の「準備できているものを問う」ているのか。国語教師に、そこまでの準備ができているのか。私は、求められ過ぎだと感じている。

そうは言っても「求められる」のは嬉しい。今日も明日も、授業準備に教材研究に個人指導に汗をかく所以である。

4

伝統的な「読むこと」の授業①（文学的な文章）

太宰治「待つ」の授業

―表現の奥行き、視点を変えた授業実践例―

田口　耕平（北海道芽室高等学校教諭）

1　新学習指導要領における教科書の実態

新学習指導要領については、他の執筆者が詳しく論じていると思われるので特に言及はしない。その代わり、新学習指導要領における「教科書」の実態について取り上げてみたい。

新学習指導要領によって、教科書の名称も中身も、もちろん変わった。「言語文化」「現代の国語」「文学国語」「論理国語」「古典探究」「国語表現」。以前と同じ科目はただ一つ「国語表現」だけである。ところが、教科書という物理的実体で見ると、「国語表現」もまた「同じ」ではなくなったのである。これまで数社から刊行されていた「国語表現」の教科書が、ただ1社のみの刊行になってしまった（2023年に1社増えた）。

これまで「国語表現」で扱ってきた教材が、こぞって「論理国語」あるいは「現代の国語」に吸収されてしまったのである。「国語総合」と「現代文」における評論分野に「国語表現」を組み合わせたものが教科書としての「論理国語」「現代の国語」に変貌したわけだ。それゆえ、「国語表現」という科目は残りながら、そこに独自性が担保されなくなり、教科書自身が消え行く運命に至ったのである。

2　「読む領域」および「文学分野」における小説教材の実態

ここも小説教材について教科書では、どう扱われているかを示したい。

新学習指導要領によって、現代文分野だった小説は、古典文学と地続きの扱いとなって「言語文化」の教科書に収められることになった。当然、本の厚みの問題として、あるいは、物理的配当時間の制約によって、縮小再生産を余儀なくされることになったのである。

結局、より短い小説が選択されることになる。選択基準は、できるだけ作者の名前が通っていて、短いもの。かつ既に教材化されているものといったところだろうか。

ともあれ今後ますます短い小説にスポットが当たることは間違いないだろう。たとえば、村上春樹「鏡」「青が消える」、夏目漱石「夢十夜」の一部、三島由紀夫「美神」、安部公房「鞄」「赤い繭」、川上弘美「神様」、葉山嘉樹「セメント樽の中の手紙」、横光利一「蝿」等々。

そのため太宰治ならば「富嶽百景」ではなく「待つ」が選択されることになるだろう。

さて、ここに取り上げた作品は、いかにも作家の一発芸、話芸を中心にした「コント」が並んでいるように見える。「オチ」「サゲ」が命。もちろん、その面白さを否定するものではない。ただ「短さ」を判断基準とすると、そういう傾向になるはずだ。きっとこれから教科書では星新一ブームが起きるに違いない。

3　「待つ」の学習材観　「びっくり箱小説」

さて、ここで扱う太宰治の「待つ」は先述した作家たちの一発芸の典型と言えるだろう。一人称の女性独白体から結句、二人称「あなた」を主語に立て、読み手を作品世界に無理矢理引き込んでいく。あの喪黒福造に「ドーン」と急に指差されるような驚きに読者は包まれる。そこに至る独白は、ああでもない、こうでもないというフラフラした語りであり、読み手に、共感よりはイライラ感を募らせていく。だからこそ、最後の衝撃はより大きなものになる。もちろん、結句に至るまでに、その予兆が全くないわけではない。「待っているのです」→「胸を躍らせ待っているのだ」→「一心に一心に待っているのだ」と「待つ」ことを強く断定的に言い切り始めたことで、不穏な空気は流れ始めている。しかし、「あなたは、いつか私を見かける」と読み手に主体が切り替わることまでは予想し得ない。ここに至って、私の脳裏に浮かんだのは「びっくり箱」という言葉である。

もちろん、このような仕掛けは「待つ」という作品だけではない。たとえば、三島由紀夫の「美神」でも同じどんでん返しがある。R博士がこだわり続けたアフロディテ像の美は、擬人化された彼女との秘密によってR博士の内部で肥大化している。それを読者は追認していく。しかし、ここでも「待つ」同様に読者は共感しながら読み進めることはできない。アフロディテの美は、「唯一の傑作」「至上の美」というR博士の大袈裟な言葉で彩られてはいるものの、大袈裟であるがゆえ、それらの言辞は、かえって読み手を置き去りにし、実態としての美そのものから遠ざける働きをする。その上で、アフロディテの身長を「三センチ多」く公表していたというR博士の秘密が暴露されることになる。しかし、N博士が実測してみるとアフロディテは公表通りの身長であった。そこでの「裏切りおったな」というR博士の断末魔の叫びは衝撃的ではある。読み手は、ここでそれなりに驚くのだが、「待つ」ほどの衝撃はない。それは、N博士という他者が既にその驚きを受け入れ、吸収してしまっているからである。N博士は「錯乱」をR博士に見て取っており、その後で「裏切りおったな」とR博士が言ったとしても、読み手はN博士の解釈で十分納得しているのである。

つまり、「美神」を補助線として用いると「待つ」は他者が存在せず、語り手と聞き手の場しか設定されていないため、最後のどんでん返しが強烈な小説、いわば「びっくり箱小説」と呼ぶのにふさわしい。ということで「びっくり箱小説」という認識でもって「待つ」を捉えても可能だろうし、授業もその線に沿って行うこともできる。たとえば上記のように「美神」と「待つ」を合わせて読み、その「びっくり」度合いの偏差を見る授業である。

「他者」の問題をそこに読み取ることができれば、授業はそれだけで成立する。だからこれでお仕舞いにしてもいいのだが、それでは物足りないだろう。もう少し考察を進め、いくつかの視点に分け、他の授業パターンを示すことにしたい。ただし「びっくり箱小説」ということが、この後の読解に重要な意味を持つのだが、ここではまだそこには踏み込まない。

4 「待つ」の学習材観の多様性――視点別の指導計画

ここでは、「待つ」という小説を授業者がどう読むのか。その着眼点・視点によって、授業パターンがどう変わるのかを見ていきたい。

視点A～Cの3パターンに分け、それぞれの学習材観と指導計画を提示したい。

5 視点A：何を「待つ」のか――目的語を代入する「待つ」の授業

【学習材観】

この小説は、「私」が「何を」「待っているのか」の「何を」が先ず論ぜられてきた。それは当然のことだろう。タイトルが「待つ」であり、小説も一体「何を」待つのかによって進行しているからである。研究者たちが、こぞって「何を」に「何か」を代入しようとしたのは故無きことではあるまい。たとえば、『精選　現代文B』大修館書店の指導書では「運命、自信、本能の発現、すぐれた指導者、救い、神、新しい時代、新しい社会、読者など」と解答例を挙げ、『私』が誰を（何を）待っているのか、作中にははっきりと書かれておらず、これについては諸説ある。限られた時間内に特定することは難しかろう。とはいえ『私』が終始発するこの問いは、読者の最も気になる点であり、それを考えることは大切なことである」と解説する。実際、授業での初読の感想は、一体「私は何を待っているのか」に集中する。「待つ」のは「何か」を考えるのは当然であろう。

たとえば、戦時下という逼塞した時代背景を考えるならば、そこからの解放を求め、新しい時代を希求するのは当り前だし、ただ家の中でぼんやりしている自分を変えたいがために駅に来ているのならば、何らかの自信を持ち、運命を切り開きたいと願っているのやも知れぬ。どの解答であっても、説明はできるし、それなりの妥当性もあろう。

しかし、答える人間の数だけ解答があり、どんなものでも代入可能になるため、授業のポイントは代入したものの根拠をどれだけ明確に説得力のあるものにできるかに懸かってくることになる。

［指導計画］

〈目標〉「私」が「待つ」ものは「何か」。根拠を明確にして論理的に説明することができる。

〈評価基準〉

・「私」が何を待っているのかについて、自らの意見を論理的に述べたり、話し合いに積極的に参加している。

・他者の意見を尊重して聞いている。

・「私」の置かれている状況について理解している。

〈時数と展開及び言語活動〉

・１時間目：全体を読み、「初読の感想」を書き、疑問点をあげる。時代背景を確認する。

※ワークシートを配布し、記入後、回収する。生徒たちの感想は「よくわからない」「私は何を待っているのか気に掛かる」などが大半であろう。疑問点は「なぜ駅でもぼんやりしているのか」「ベンチはなぜ冷たいのか」といったものが出てくるはずである。また便覧等を用い、昭和17年の世相を確認しておく。

・2～3時間目：「初読の感想」の発表と疑問点を利用した読解の授業

※「私」と「私」の置かれた環境とを対比的に捉えながら、「待つ」対象が何かをワークシートを用い整理していく。ワークシートには「世間の人」「社会状況」と「私」との対比、「待つ」ものが何か、具体的に記述されているが、その後、語り手によって否定されるものを抜き出せるようにしたものを準備する。そうすることによって「私」の「待つ」ものが、具体的に記述されていないことを理解させる。グループで話し合いながら、埋めていく。

・4～5時間目：「私」が「待つ」何かを考える。

※ワークシートに「待つ」ものは何か、その根拠は何かを個々で書き込み、それをグループ内で根拠とともに発表し、より説得力のあるものをグループの考えとしてクラス発表する。それぞれの発表に対し、更にグループ討議を進め、グループ間で質疑応答をし、互いに評価し合う。（ディベートの授業展開も可能である）

6 視点B：文章表現の冒険

―「文末は統一しなければならない」幻想を打ち破る授業

【学習材観】

「待つ」は、「敬体」と「常体」が混じった文末表現に特徴がある。本来、文末は統一すべきであるという幻想がある。よくあるのは、志望理由書などで、「常体」で書き進めていたものを、最後になって「敬体」で締め括ってしまうような例だ。たとえば「〜という魅力が貴校にはある。それゆえ、どうしても貴校に入学したいと思っています」といった類いである。しかし、それはいわゆる実用的な文章の話である。文学表現と一緒に論ずることはできない。しかし、多くの教員は「敬体」と「常体」の混在は文末の乱れとして認識している節がある。たとえば、次の指導書の指摘などは、文末表現は統一すべきものだという固定観念に厳然と縛られていることを示すだろう。

指導書には「敬体と常体の使われ方の効果について発表しよう」という問いが立てられ、次のように解答例が示されている。

「読者に語りかけるような敬体を基調としながら、ところどころ『そうして思い思いの方向に散って行く』、『胸を躍らせて待っている』など、常体を挿入し、不安定で落ち着かない『私』の内面を生き生きと表現している」

つまり、ここでの「不安定で落ち着かない『私』の内面」という指摘こそが、「常体」と「敬体」の混在が一般的ではなく、異常な事態であるという認識があることを示しているのだ。もし仮に全体を「敬体」に統一すれば、「安定」し「落ち着く」んだと指導書の執筆者は考えているのだろうか。

しかし「待つ」をちゃんと読めば、そんなことは幻想に過ぎないことがわかる。たとえば、「待つ」には「常体」で否定の「ない」が文末表現になっているところが散見される。それは語り手の強い否定の意志を表現しているのであって、「不安定」でも「落ち着かない」「内面」を表現しているのではない。「ないのです」とモタモタしていると、自分の強い気持ちが表現できないから「ない」と「常体」を用いるのである。ところが、それを「不安定」「落ち着かない」と平然と述べるのは、文末表現は統一すべきという固定観念があり、混在するのは間違いだという発想があるからである。そのため、感覚的に「不安定で落ち着かない『私』の内面」とつい書いてしまうのだろう。

しかし、「常体」と「敬体」の混じった表現はエッセーなどでは普通に見られるものである。ただし、そこにルールやパターンがないわけではない。どんな場合に「敬体」を「常体」に変えて表現できるのか、「待つ」というテキストは、そのことが明確にわかるようにできている優れたテキストである。

【指導計画】

〈目標〉 どんな場合に「敬体」を「常体」に変えることが可能なのか、「待つ」の実例を通して考える。また、そのパターンを一般化して捉え、自らの文章表現の幅を広げることができる。

〈評価基準〉

・注意深くテキストを読み、文末表現の「常体」と「敬体」の区別ができる。
・具体例を集め、それを一般化することができる。（帰納法的な思考ができる）
・他者の意見を尊重して聞くことができる。

〈時数と展開及び言語活動〉

・1時間目：文末表現として「常体」と「敬体」が混じり合うことの是非を考える。

テキストを読む前に、文章表現をする場合、気を付けるべきことを指摘させる。そのとき、文末表現の統一という考え方が出た場合（出ない場合は教員が提示する）、一般論として、文末表現を「常体」と「敬体」とを混ぜていいか、悪いかを考えさせる。また、なぜ、混ぜてはいけないのかを指摘させる。

その上で、「待つ」を文末表現に留意しながら音読し、このテキストの文章表現の特色を指摘させる。当然「常体」と「敬体」が混ざっていることを生徒は指摘することになる。では、それが、どのような効果を狙ったものなのかを考えさせる。一般論的にはいけないとされることが、なぜ小説では可能なのかを考える。

・2時間目：混在する文末表現の効果について考える。

教科書を閉じさせ、全て「敬体」に直した「待つ」のテキスト（B4・1枚もの）を配布する。実際の「待つ」では、どの部分が「常体」になっていたかを傍線を引きながら考える。

次に本来の「待つ」のテキスト（B4・1枚もの）を配布し、両者を比較し、「常体」になっている部分はどこであったか確認する。「常体」部分に傍線を引き、答え合わせを行うのもよいだろう。その上で、どのような原則があるのかを考えながら、共通点を探りグループ化していく。

※ペアワークで相談しながら行うと作業が楽しくできるだろう。授業者があらかじめ、31箇所あることを示しておくと、ゴールがわかって、より効果的だろう。

・3時間目：「敬体」をどんな場合に「常体」にできるか。具体例の一般化の授業。

「敬体」を「常体」にできるのは、どんな場合なのか、一般化していく。

※グループ学習によって具体例を一般化していく。各グループで考えをまとめ発表する。

■「待つ」の全文を次に示す。傍線部分が「常体」になっている箇所であり、丸カッコが「敬体」に直したもの。

待つ　　太宰 治

省線のその小さい駅に、私は毎日、人をお迎えにまいります。誰とも、わからぬ人を迎えに。

市場で買い物をして、その帰りには、必ず駅に立ち寄って駅の冷たいベンチに腰を下ろし、買い物籠を膝に乗せ、ぼんやり改札口を見ているのです。上り下りの電車がホームに到着するごとに、たくさんの人が電車の戸口から吐き出され、どやどや改札口にやって来て、一様に怒っているような顔をして、パスを出したり、切符を手渡したり、それから、そそくさと脇目も振らず歩いて、私の座っているベンチの前を通り駅前の広場に出て、そうして思い思いの方向に散って行く（行きます）。私は、ぼんやり座っています。誰か、一人、笑って私に声をかける（かけます）。おお、怖い（怖いのです）。ああ、困る（困ります）。胸が、どきどきする（します）。考えただけでも、背中に冷水をかけられたように、ぞっとして、息が詰まる（詰まります）。けれども私は、やっぱり誰かを待っているのです。いったい私は、毎日ここに座って、誰を待っているのでしょう。どんな人を？　いいえ、私の待っているものは、人間でないかもしれない（ません）。私は、人間を嫌いです。いいえ、怖いのです。人と顔を合わせて、お変わりありませんか、寒くなりました、などと言いたくもない挨拶を、いいかげんに言っていると、なんだか、自分ほどのうそつきが世界中にいないような苦しい気持ちになって、死にたくなります。そうしてまた、相手の人も、むやみに私を警戒して、当たらずさわらずのおせじやら、もったいぶったうその感想などを述べて、私はそれを聞いて、相手の人のけちな用心深さが悲しく、いよいよ世の中がいやでいやでたまらなくなります。世の中の人というものは、お互い、こわばった挨拶をして、用心して、そうしてお互いに疲れて、一生を送るものなのでしょうか。私は、人に会うのが、いやなのです。だから私は、よほどのことでもない限り、私のほうからお友達の所へ遊びに行くことなどは致しませんでした。家にいて、母と二人きりで黙って縫い物をしていると、いちばん楽な気持ちでした。けれども、いよいよ大戦争が始まって、周囲がひどく緊張してまいりましてからは、私だけが家で毎日ぼんやりしているのが大変悪いことのような気がしてきて、なんだか不安で、ちっとも落ち着かなくなりました。身を粉にして働いて、直接に、お役に立ちたい気持ちなのです。私は、私の今までの生活に、自信を失ってしまったのです。

家に黙って座っていられない思いで、けれども、外に出てみたところで、私には行く所が、どこにもありません。買い物をして、その帰りには、駅に立ち寄って、ぼんやり駅の冷たいベンチに腰掛けているのです。どなたか、ひょいと現れたら！　という期待と、ああ、現れたら困る、どうしようという恐怖と、でも現れた時には仕方がない、その人に私の命を差し上げよう、私の運がその時決まってしまうのだというような、あきらめに似た覚悟と、その他さまざまのけしからぬ空想などが、異様に絡み合って、胸がいっぱいになり窒息するほど苦しくなります。生きているのか、死んでいるのか、わからぬような、白昼の夢を見ているような、なんだか頼りない気持ちになって、眼前の、人の往来のありさまも、望遠鏡を逆にのぞいたみたいに、小さく遠く思われて、世界がシンとなってしまうのです。ああ、私は一体、何を待っているのでしょう。ひょっとしたら、私は大変みだらな女なのかもしれない（ません）。大戦争が始まって、なんだか不安で、身を粉にして働いて、お役に立ちたいというのはうそで、本当は、そんな立派そうな口実を設けて、自身の軽はずみな空想を実現しようと、何かしら、よい機会をねらっているのかもしれない（ません）。ここに、こうして座って、ぼんやりした顔をしているけれども、胸の中では、不埒な計画がちろちろ燃えているような気もする（します）。

一体、私は、誰を待っているのだろう（でしょう）。はっきりした形のものは何もない（ありません）。ただ、もやもやしている（いるのです）。けれども、私は待っている（います）。大戦争が始まってからは、毎日、毎日、お買い物の帰りには駅に立ち寄り、この冷たいベンチに腰を掛けて、待っている（います）。誰か、一人、笑って私に声をかける（かけるのです）。おお、怖い（怖いのです）。ああ、困る（困ります）。私の待っているのは、あなたでない（ではありません）。それでは一体、私は誰を待っているのだろう（でしょう）。だんなさま。違う（違います）。恋人。違います。お友達。いやだ（いやです）。お金。まさか。亡霊。おお、いやだ（いやです）。

もっと和やかな、ぱっと明るい、素晴らしいもの。なんだか、わからない（りません）。例えば、春のようなもの。いや、違う（違います）。青葉。五月。麦畑を流れる清水。やっぱり、違う（違います）。ああ、けれども私は待っているのです。胸を躍らせて待っているのだ（のです）。目の前を、ぞろぞろ人が通って行く（行きます）。あれでもない、これでもない（ありません）。私は買い物籠を抱えて、細かく震えながら一心に一心に待っているのだ（のです）。私を忘れないでくださいませ。毎日、毎日、駅へお迎えに行っては、むなしく家へ帰って来る二十の娘を笑わずに、どうか覚えておいてくださいませ。その小さい駅の名は、わざとお教え申しません。お教えせずとも、あなたは、いつか私を見かける（見かけます）。

［授業者の理解］

この視点Bの授業では、授業者に、「敬体」と「常体」の混合に対する深い理解が求められる。つまり、テキストの具体例から一般化することが、あらかじめできていなければ授業は成立しない。

たとえば、「ない」「違う」「いやだ」「困る」などの否定的言辞の場合に「常体」が用いられていることから、「否定する場合」と一般化が可能だろう。しかし、それだけでは物足りない。むしろ、ここは他者の排除と考えるべきだろう。敬語は他者の存在があって初めて成立する。他者へ敬意を払い伝達するから待遇表現と言われるのだ。先に「強い否定の意志」と書いたが、そこに他者は不要であり、言葉はストレートに自分に迫る。ある種自分への言い聞かせになっていると考えるべきだろう。このことは「のだ」という断定表現でも同じことが言える。「だろう」は、疑問を推量で受けたものである。「かもしれない」は可能性はあるが、断定はできないことを示す。指導書に言う「不安定で落ち着かない『私』の内面」をこの表現から導き出すことは可能だろう。疑問は答えが出るまでは宙づりの表現であり、蓋然性を示す「かもしれない」もまた宙づりの表現である。不安定さを示す点で「落ちつかなさ」を表すと言えるだろう。

上記とは異なる表現はどうか。たとえば、「散って行く」「声をかける」は状況の描写であり、「敬体」の文章の中で「常体」に直すことが可能な典型的なパターンである。状況をスケッチするのに、「敬体」は必要なく、よりスピード感を与えるための手法である。では「どきどきする」「息が詰まる」はどうか。これらは「私」の妄想の中の表現だが、内面の感情を客観的に捉えようとする表現であり、描写である。これも「敬体」が外せるパターンであり、テンポを上げるための表現である。実際に文章を書くときに、これらのテクニックを用いると、文章のスピードが上がり、抑揚が生まれることになる。講演会などで、よく用いられる話法でもある。要は何かしら描写する場合、「敬体」から「常体」への書き換えは案外無理なくできるのである。

以上のような認識、一般化によって、授業を進めたい。

7　視点C：「待つ」ものとは何か　テキストから考察する
――「びっくり箱」の仕掛けを知る

【学習材観】

ところで「待つ」では、指導書の言うように本当に「何を」「待つ」のかが提示されていないのだろうか。もちろん、この考えは、「待つ対象は空白」と指摘した鈴木雄史論（『論樹』1988・9）以後の先行研究を十分踏まえたものであることは承知している。しかし今一度、このテキストを虚心に読み、「待つ」ものは何かを考え直してみたい。

先ず「私」は「人をお迎えにまいります」と「人」を待っていることを明かす。では、それがどんな「人」なのか。そこから「私」の思念はグルグルと韜晦し始める。そして「人間を嫌いです」と言った上で、待っているのは「人間ではないかもしれない」とする。では何を「待つ」のか。「だんなさま」「恋人」「お友達」「お金」「亡霊」と挙げながら、どれも違うと語る。更には「春のようなもの」「和やかな、ぱっと明るい、すばらしいもの」「青葉」「五月」「清水」と人々が待ちわびるような春の具体的な風物を挙げると「やっぱり、違う」と否定する。

そして、一気にクライマックスに向かっていく。そこで強調されるのが「待っている」という事実である。それを「忘れないでくださいませ」「覚えておいてくださいませ」と読み手に懇願した上で、あの結句が立ち現れる。「その小さい駅の名は、わざとお教え申しません。お教えせずとも、あなたは、いつか私を見かける」と。ここで読み手はドキッとさせられて話は終わる。

「私」が「忘れないで」「覚えておいて」と懇願する「あなた」は、たまたま「私」を見かける。そのことを「私」

が「待っている」のは確かなことだろう。なぜなら、これまで繰り返されてきた「何を」「待つ」のかは、全て否定されているのに対し、この最後のセリフだけは、「私」によって否定されない「もの」「こと」だからである。

では、ここでの「あなた」とは一体何者なのか。ここも指導書を見てみよう。そこでは「読者のことをさす。（最後の『あなた』は読み手を作中に引き込む懇願のことばと考えられる）」と解答している。また、その解説には『私を忘れないでくださいませ』以降、『私』は聞き手に懇願している。作中には聞き手となる登場人物がいないため、この『あなた』は『私』の語りを聞いて（読んで）いる読者をさすと考えられる。『私』の語る言葉を基本的には別世界の他人事として聞いてきた読者は、最後に突然、彼女が実際に待っており、笑って声をかける役目がほかならぬ自分であることを告げられ、どきっとする。『一心に一心に待っている』私を『笑わずに、どうか覚えておいてくださいませ』と訴える娘の思いは、読者に確実に届けられることになるだろう」とある。

作品は読まれることによって初めて一つの世界として立ち上がる。それは読者の内面においての出来事である。その意味において、指導書の指摘は正しいだろう。ただし、「笑って声をかける役目がほかならぬ自分であることを告げられ、どきっとする」とするという指摘には疑問が残る。テキストは、そんな風に書いてはいない。あくまで「見かける」であって「声をかける」ではない。そして、このような誤読が、大修館の付属問題集では、最悪の形で現れている。ちょっと横道に逸れるが、それを確認してみよう。

【問　題】「あなた」とは、どのような相手をさすか。「命」という言葉を用いて、簡潔に説明せよ。
【解答例】「私」の命を与えてもいいと思うくらいの運命的な相手。
【解　説】「あなた」とは、「私」が一心に待っている「誰か」である。本文の前半部に、「現れた時には仕方がない、その人に私の命を差し上げよう、私の運がその時決まってしまうのだ」とあるのに着目すると、その「誰か」とは、『私』の命を与えてもいいと思うくらいの運命的な相手」であると判断できる。

問題文中に「『命』という言葉を用いて」とあるので、ある程度、この解答への誘導は可能かもしれないが、指導書の指摘とは、明らかに違っている。この問題の作成者と指導書の執筆者はきっと別人なのだろう。確かにテキストには「私の命を差し上げよう」と書いてはある。しかし、その後、「私」はまた、「だれを待っているのだろう。はっきりとした形のものは何もない」と否定してしまっている。単純に、「あなた」イコール「運命的な相手」とは捉えられるはずがないのだ。

こういう「千年の誤読」とも思われる読みが時に大手を振って教室を闊歩することがある。それほど多くの教科書に載っていない「待つ」なら、被害は少ないが、たとえばどの教科書にも掲載されている「山月記」にこのような誤読があれば、その影響は計り知れないものになる。そして、実際に「山月記」の読みには「千年の誤読」と思われるものが堂々と流通している。ここでは詳述しないが、当たり前だと思っている問いに落とし穴があるのだ。

では、「あなた」とは何者なのか。確実に言えることは、「私を忘れないでくださいませ」「どうか覚えておいてくださいませ」と「私」の存在を記憶することを懇願されている対象であり、小さい駅の名を知らされなくても「私」を「見かける」ことが期待されている「あなた」である。

ところで指導書の執筆者が指摘する「あなた」＝「読者」という図式に間違いはないだろう。語り手の語りによって、作品世界を構築し得るのは読者だけである。それはいい。しかし、そこに何かしらの違和感を感じてしまうのは、なぜだろうか。この違和感は、先述の「3　学習材観」で取り上げた「びっくり箱小説」に関係する。

たとえば、ここで言う「読者」が仮に「田口耕平」という名前を持った実在の人物であったとしよう。「あなた」と呼びかけられた「私」＝「田口耕平」は、そのまま「あなた」を「読者」であるところの「私」として受け入れられるだろうか。「私」＝「田口耕平」はそれを拒否するだろう。それは先述した「びっくり箱」に付き合うことができないからである。あまりに唐突、あまりに性急なご指名に「私」＝「田口耕平」は「あなた」であることを受け入れられないのだ。

指導書には「最後に突然、彼女が実際に待っており、笑って声をかける役目がほかならぬ自分であることを告げられ、どきっとする。『一心に一心に待っている』私を『笑わずに、どうか覚えておいてくださいませ』と訴える娘の思いは、読者に確実に届けられることになるだろう」とあるが、「読者」＝「私」＝「田口耕平」は、そこには到底たどり着けない。いや、「私」は、ただ「どきっと」し、顔を背け、自分の後ろに誰かいないか、キョロキョロ探し回るだろう。

では、たどり着ける「あなた」とは誰なのか。

「一心に待っている」「私」を「忘れず」「覚えて」おくことができ、駅のベンチに座っている「私」を「いつか見かける」可能性を持った「あなた」＝「読者」である。つまり、あの「びっくり箱」から逃げ出さない「読者」である。

「読者」＝「田口耕平」には無理だが、「読者」の中には卑小で無駄な日々を過ごす「私」を認め、共感し、「私」の願いを聞き入れ、いつか「見かける」ことを受け入れる「読者」がいるのかもしれない。もしかすると「私」は、そういった「あなた」＝「読者」を「待っている」のではないか。もちろん、求めているのは全的受容でないだろう。自己存在の証明でもないだろう。そうではなく、そこにそれがあること、たとえば、「ありんこ」が路上にいて、「ああ、そこにいるなぁ」とちゃんと認めるレベルでの存在証明を求めているのではないか。「見つける」ではなく「見かける」とした理由がそこにあるのではないか。しかし、そんな「あなた」はそうそういないだろう。

ここまでの記述を整理しよう。「読者」である「あなた」＝「田口耕平」は、語り手の「私」を承認しない。「あなた」＝「田口耕平」は、「私」の妄想に共感できないし、急な名指し、すなわち「びっくり箱」によって語り手の「私」から目を逸らすからである。しかし、数多の読者の中には、そんな語り手の「私」を受け入れる者がいる可能性は否定できない。つまり、この語り手は「読者」を逆に選別しているのではないか。共感させず、驚かせ、目を背けさせる。それで、終わるならそれでよろしいと開き直る語りを積み重ね、最後に「びっくり箱」を開けているのではあるまいか。

ここに作品の書かれた時代背景を持ち込めば、それはより明白になるだろう。この作品が発表されようとした昭和17年は、太平洋戦争が始まった翌年である。本土空襲もまだ起きてはいなかったし、大本営は戦勝に継ぐ戦勝を報じていた時期である。その時代の中で、駅から吐き出される人々に正対し、何を考えているかわからない女がぼんやりベンチに座って何かを待っている。そんな若い女を受け入れる読者が存在することを語り手である「私」は待っている。最も消極的な動作とも言える「待つ」という行為が、最も過激な時代批判となり、反逆的精神の表れとなる。この読みは取り立てて新しいものではない。しかし、ここで問題にしているのはそういった「私」の「待つ」姿勢を受け入れる「あなた」が存在するや否やなのである。

まして「見かける」は「見かけた」ではない。「ル体」は物事・動作の継続を表す。とすれば、「あなたは、いつか私を見かける」は「あなた」が「見かけた」状態になるまで、「あなた」の背中に張り付く呪文のように「あなた」を拘束し続ける。もちろん、この文章の書き手である「私」＝「田口耕平」は、そんな呪文にかかってはいない。そう思いたいが、2カ月ばかり、「待つ」をどう読むのかを考えているのだから、強力な呪文にもう囚われているのだろう。

とにかく、この文章の書き手である「私」＝「田口耕平」は「待つ」を「びっくり箱」という仕掛けによって読者を選別する小説として読んだ。それが、ここでの「学習材観」になる。

【指導計画】

〈目標〉「私」は「何を」「待つ」のか。本文に即して考えることができる。「びっくり箱」の仕掛けが、どんな効果をもたらすか、考えることができる。「ル体」と「タ体」の違いを理解することができる。

〈評価基準〉

・注意深くテキストを読み、何が否定され、何が否定されていないのかを区別することができる。
・「私」という語り手の行動の意味を理解することができる。
・「あなた」の意味を理解することができる。
・「ル体」と「タ体」の区別を理解することができる。
・時代背景と「待つ」ことの関係を理解することができる。

〈時数と展開及び言語活動〉

・1時間目：全体を読み、「初読の感想」を書く。
・2～3時間目：「初読の感想」の発表。
読解の授業「私」と「私」の置かれた環境とを対比的に捉えながら、「待つ」対象が何かを整理していく。
※ワークシートを使用し、整理していく。
・4時間目：「私」が矛盾した存在であることを整理する。「私」によって否定されたものと否定されなかったものを抜き出す。文中の「あなた」を比較し、最後の「あなた」は何を指すのかを考える。
※ワークシートを用い、整理していく。
・5時間目：「ル体」と「タ体」の違いを理解する（『新潮選書　日本語の謎を解く』橋本陽介「第8章『た』と時間表現の謎」を用いて説明）。

便覧などを利用し、当時の世相を理解する。

「あなた」＝「読者」として、「読者」である「あなた」は「私を見かける」ことを引き受けるかどうか、考えてみる。

※基本的にはワークシートを用いたグループワークで授業展開したい。

8　まとめに

ここでは授業者が、どのような理解、視点で授業に臨むべきかの一例を示せたのではないだろうか。もちろん視点A〜Cによる授業は、それぞれ単独でもできるし、複合的に組み合わせることも可能である。

「富嶽百景」は何度も扱ったことがあるが、「待つ」に関しては、これまで授業をしたことがなかった。「富嶽百景」は、語り手と作者の体験が近しいため、つい作家論的な読みの誘惑に駆られるが、そこは我慢して、富士という揺るぎない存在に語り手の内面を投影させながら、語り手の再生の物語として読んできた。その再生には他者が大きく関わっていた。他者の存在なくして「富嶽百景」は語れないだろう。一方の「待つ」は他者が存在しない。その意味で他者による「私」の変容なども なく、授業はすこぶる困難であった。もし仮に「待つ」に他者が存在するとすれば「私以外の全て」と言えようか。いや、もう一人いた。それが姿を見せない「あなた」なのだ。物語の途中の「あなた」は存在しているかどうかわからないけれど、結句の「あなた」は確実に存在する。その「あなた」は何者なのかに着目した論は、管見ながら見覚えがない。もちろん、指導書中に説明はあるものの、誤読であったり、微妙にズレていたりしている代物である。ここでは、その着眼点で「7　視点C」を書いた。果たして、この「視点C」は、この文章の読み手である「あなた」に受け入れられるだろうか。その不安を抱きながら、この稿を閉じたい。

5

現代的な「読むこと」の授業①（文学的な文章①）

夏目漱石『こころ』における探究的な学習
―グループ発表・教科等横断・個人レポート―

對馬　光揮
（市立札幌藻岩高等学校教諭）

1　「読む領域」および「文学分野」について・単元の背景

平成30年に告示された高等学校学習指導要領総則編では、これからの時代に学校教育で育成すべき能力として次の内容が示されている。

学校教育には、子供たちが様々な変化に積極的に向き合い、他者と協働して課題を解決していくことや、様々な情報を見極め、知識の概念的な理解を実現し、情報を再構成するなどして新たな価値につなげていくこと、複雑な状況変化の中で目的を再構築することができるようにすることが求められている。

これらの能力を育成するためには、各教科において「探究的な学習」を実現させながら、それぞれで獲得した視点を組み合わせていくことが効果的であると考えられている。

それでは、探究的な学習、並びに「国語科における探究的な学習」とはどのようなものを指すのか。高等学校学習指導要領解説総合的な探究の時間編では、「探究」を「……新たな課題を見付け、更なる問題の解決を始めるといった学習活動を発展的に繰り返していく。要するに探究とは、物事の本質を自己との関わりで探り見極めようとする一連の知的営みのことである。」と定義したうえで、探究的な学習の質を高めるためには「協働的な学習」や「横断的・総合的な学習」を充実させることが示されている。

そこで、拙稿では「探究的な学習」を次の六点に整理した。

（ⅰ）自己の内側から湧き出てくる欲求を基盤とした学習
（ⅱ）自分の個性や強みを活かせる学習
（ⅲ）複数のものの見方を連携させる学習
（ⅳ）日常に波及する学習
（ⅴ）他者と関わることによって自己を見つめる学習
（ⅵ）多様な見方や考え方があることを想定して考え続ける学習

探究的な学習において、言語能力の向上における国語科の役割は大きい。言語能力の向上については、高等学校学習指導要領総則編で「言語能力の向上は、生徒の学びの質の向上や資質・能力の育成の在り方に関わる重要な課題として受け止め、重視していくことが求められる。」「言語能力を育成するためには、（中略）特に言葉を直接の学習対象とする国語科の果たす役割は大きい。（中略）創造的・論理的思考の側面、感性・情緒の側面、他者とのコミュニケーションの側面から言語能力とは何かが整理されたことを踏まえ、国語科の目標や内容の見直しを図ったところである。」と述べられている。

よって、探究的な学習において国語科が担う最も重要な役割を「言語を中心に据え、思考を深めて表現すること」としたうえで、拙稿では「国語科における探究的な学習」を次のように定義した。

国語科における探究的な学習とは、言語を中心に、（ⅰ）自己の内側から湧き出てくる欲求を基盤とした学習、（ⅱ）自分の個性や強みを活かせる学習、（ⅲ）複数のものの見方を連携させる学習、（ⅳ）日常に波及する学習、（ⅴ）他者と関わることによって自己を見つめる学習、（ⅵ）多様な見方や考え方があることを想定して考え続ける学習を通して思考を深め、表現することである。

そのうえで、冒頭で述べた能力を育成するために、探究のプロセスである「①課題の設定→②情報の収集→③整理・分析→④まとめ・表現」を軸にしながら、文学国語の「読むこと」の言語活動例として挙げられている「作品に関連のある事柄について様々な資料を調べ、その成果を発表したり短い論文などにまとめたりする活動」に着目し、次のような仮説を設定したうえで、高校2年生を対象とした「読む領域」および「文学分野」に関する授業を実践した。

【仮説】

文学作品を読み、グループで探究テーマを設定して情報収集・考察・発表した後、教科等を横断する視点を獲得しながら、個人でその成果をレポートにまとめることによって、次の能力を育成することができる。

（a）他者と協働して課題を解決する力
（b）収集した情報が妥当なものであるか吟味する力
（c）情報を再構成して自分の考えを深める力
（d）自分の考えを効果的に表現する力

2　学習材観

本単元では、夏目漱石の『こころ』「先生と遺書」を学習材として取り扱った。ここで現代社会の課題に直接関わるような論理的文章ではなく文学的文章に焦点を当てたのは、文学作品が感性や情緒の側面を含む言語能力の向上に効果的であると考えたからである。

高等学校学習指導要領国語編で示されているように、「文学国語」は『思考力・判断力・表現力等』の感性・情緒の側面の力を育成するため、深く共感したり豊かに想像したりして、書いたり読んだりする力の育成を重視した科目」とされているため、文学作品を学習材としたグループ発表や個人レポートの作成を通して、「創造的・論理的思考の側面」「感性・情緒の側面」「他者とのコミュニケーションの側面」から言語能力を向上させることを本単元のねらいの一つとして設定した。

本作品は「三角関係」「自殺」という生徒にとって日常とは縁遠い要素を含んだ作品であるが、登場人物の心の揺れ動きなど人間の本質的なありようを描いている点において、生徒一人ひとりが自分事として捉えながら読解することができる特徴を持っている。また、部分抽出の形で教科書に掲載されているため登場人物の設定や場面が把握しづらく、取り扱いが難しい部分はあるものの、作者が意図したか否かはさておき読み方に様々な可能性を含む箇所が多いため、疑問を持ちながら読むことができ、結果的に多種多様な探究テーマを設定することができる学習材と言える。以上のことから、本作品を今回の単元における学習材として採用した。

3 指導計画・言語活動案

【単元の目標】

・言葉には、想像や心情を豊かにする働きがあることを理解できるようにする。【知識及び技能】（1）ア

・作品に表れているものの見方、感じ方、考え方を捉えるとともに、作品が成立した背景や他の作品などとの関係を踏まえ、作品の解釈を深めることができるようにする。【思考力、判断力、表現力等】B（1）オ

・言葉がもつ価値への認識を深めるとともに、生涯にわたって読書に親しみ自己を向上させ、我が国の言語文化の担い手としての自覚をもち、言語を通して他者や社会に関わろうとする。［学びに向かう力、人間性等］

［評価規準］

・言葉には、想像や心情を豊かにする働きがあることを理解している。［知識及び技能］
・作品に表れているものの見方、感じ方、考え方を捉えるとともに、作品が成立した背景や他の作品などとの関係を踏まえ、作品の解釈を深めている。［思考力、判断力、表現力等］
・作品に関連のある事柄について様々な資料を調べ、その成果を発表したり短い論文などにまとめたりする活動を通して、言葉を通じて積極的に他者や社会に関わったり、思いや考えを広げたり深めたりしながら、自らの学習を調整しようとしている。［主体的に学習に取り組む態度］

［時数と展開］

・1～3時間目：教科書に掲載されている前段の文章を読み、登場人物の設定と関係性を読み取る。
・4～5時間目：着目した文や疑問点を整理し、グループで探究するテーマを設定する。
・6～10時間目：探究テーマについて情報を収集し、考察する。
・11～12時間目：考察した内容をグループで発表する。
・13～14時間目：英訳された文章を併読し、多角的な視点から作品を読み直す。
・15時間目：作成した個人レポートを共有し、学習を振り返る。

［言語活動案］

『言語活動の充実に関する指導事例集～思考力、判断力、表現力等の育成に向けて～【高等学校版】』では、言語活動の充実について次の内容が示されている。

平成20年答申においては、思考力・判断力・表現力等を育むためには、例えば、次のような学習活動が重要であり、このような活動を各教科等において行うことが不可欠であるとしている。

①体験から感じ取ったことを表現する

②事実を正確に理解し伝達する

③概念・法則・意図などを解釈し、説明したり活用したりする

④情報を分析・評価し、論述する

⑤課題について、構想を立て実践し、評価・改善する

⑥互いの考えを伝え合い、自らの考えや集団の考えを発展させる

〈中略〉

（1）知的活動（論理や思考）に関すること

各教科等の指導において論理や思考といった知的活動を行う際、次のような言語活動を充実する。

○事実等を正確に理解し、他者に的確に分かりやすく伝えること

○事実等を解釈するとともに、自分の考えをもつこと、さらにそれを伝え合うことで、自分の考えや集団の考えを発展させること

（2）コミュニケーションや感性・情緒に関すること

各教科等において、コミュニケーションに関する指導を行う際には、他者との対話を通して考えを明確にし、自己を表現し、他者を尊重し理解するなど互いの存在についての理解を深めるような言語活動を充実する。

各教科等において、感性や情緒に関する指導を行う際には、体験したことや事象との関わり、人間関係、所属する文化の中で感じたことなどを言葉にしたり、それらの言葉を互いに伝え合ったりするような言語活動

を充実する。

これらの内容を踏まえて、本単元では大きく分けて「グループ発表」と「個人レポート」の二つを言語活動として設定した。

「グループ発表」では探究テーマの設定が鍵を握るため、教科書本文だけではなく教科書に掲載されている前段の文章を丁寧に読み取らせることが重要となる。また、設定した探究テーマに関する情報をグループで収集しながら考察するうちに、探究テーマが変遷していくことも十分に考えられる。そのため、最初に設定した探究テーマに固執せず、状況に応じて適宜課題を再設定する意義を生徒たちに認識させていきたい。生徒の主体的な活動を損なわないように注意しながら、それまでの視点とは別の視点から作品を捉えることができないかなど、生徒の思考を揺さぶり深めるきっかけとなるような声掛けを行うことが教員には求められる。

「個人レポート」は、生徒個々人の思考の深まりを見取りづらいという「グループ発表」の弱点を補う機能を持っている。本単元はグループで発表すること自体が目的ではなく、発表に向けた情報収集と考察、そして発表を通して獲得した視点をもとに再度考察して自分の考えを深めながら効果的に表現することに重きを置いているため、「個人レポート」を単元全体における最も重要な言語活動として設定した。

4　学習指導の実際

①登場人物の設定と関係性を把握し、着目した文や疑問点を整理する

前述したとおり、教科書本文は『こころ』の最終部である「先生と遺書」の一節であるため、まずはその前段で重要な段落をまとめたプリントを配布し、次の五点をもとに登場人物の設定と関係性を整理させた。

「『私』とはどのような人物か」「『K』とはどのような人物か」「『私』と『お嬢さん』の関係はどのようなもの

であるか」「『K』と『お嬢さん』の関係はどのようなものであるか」『私』と『K』の関係はどのようなものであるか」

その後、教科書本文を読み、「私の発言・私について」「Kの発言・Kについて」「その他」の三点について、着目したことや疑問点を個人で書き出していった。

②グループで探究テーマを設定し、収集した情報をもとに考察する

個人で着目した点を四人一組のグループで共有し、探究テーマを設定していった。生徒が設定した探究テーマの一部を以下に示す。

・Kの微笑の意味
・『こころ』における襖の役割
・Kにとっての「道」とは
・なぜ私の遺書にはお嬢さんよりもKの描写が多いのか
・『こころ』における「自殺」の意味

その後、配布された発表資料の見本を参照しながら、見通しを持ったうえで「探究テーマ」「設定理由」「調べなければならないこと・整理しなければならないこと」を各グループでまとめ、グループ発表に向けて情報を収集し考察する活動へと移っていった。

③考察した内容をグループで発表する

各グループの持ち時間は教員との質疑応答を含めて10分程度とし、「個人レポートに向けて、話し手は質疑応答によって思考を整理・深化するきっかけを得る」「個人レポートに向けて、聞き手は他のグループの発表を聞くことによって新たな発見を得る」の二点をねらいとしてグループでの発表を行った。

あるグループの発表を以下に示す。

探究テーマ　Kは何故死んだのか

Kは作中で度々「道」という言葉を用いる。「道の為にはすべてを犠牲にすべきだ」と書かれているように、「道」を究めることに執着している。Kの家が仏教を信仰していることから推測するに、ここでの「道」とは八正道のことではないだろうか。それは、正思（離欲、慈悲の考え）、正業（正しい行い）、正精進（正しい努力）などの計八つの正しい道を歩むことで苦を滅することができるという仏教の考えのことである。頑固なKはこのような正しい道を歩むことに執着していたということになる。

しかし、だんだんとKはお嬢さんへの恋心を自覚してしまい、前述した八正道の正思の考えと自身の抱える恋心との間に矛盾を生じさせてしまう。Kは理想（道）と現実（恋心）の間に彷徨しているうちに、「自分の弱い人間であるのが恥ずかしい」と自分自身を責めるようになる。

そこから板挟みにあった末に私に助けを求めるも、私から言われた言葉でさらに自分の恋心を自覚し、追い詰められていく。「精神的に向上心の無いものはばかだ」という私の言葉によって、「僕はばかだ」と自責の念にかられる。

ここで私とKの間に一つの誤解が生じる。この時、私はKに「君の心でそれをやめるだけの覚悟がなければ」という言葉をかけている。私がここで言っている「覚悟」とは「お嬢さんへの恋を諦める」という意味であったが、それに対するKの「覚悟なら無いことも無い」という言葉を私は「果断に富んだ彼の性格が恋の方面に発揮される」というふうに勘違いしてしまう。しかし、Kにとっての覚悟は「全ての疑惑、煩悶、懊悩を一度に解決する手段」、つまり「自殺」という意味だったのである。

仏教において恋は煩悩の一種として禁じられているが、自殺は仏教の「律」で罪とされていないため禁じられていないという見方がある。Kは、自分の理想からこれ以上離れないために自殺を選んだのではないか。
以上のことから、Kは自らの恋心がこれ以上進展することを防ぎ、自身の目指す道を究めるために自殺したと結論付ける。

このような活動を通して、収集した情報をもとに多角的な視点から本文を読み解くことによって、自分たちの考えを効果的に表現する力を身につけていった。

④英訳された文章を併読し、多角的な視点から作品を読み直す

個人レポートの作成に向けて、教科の枠を超えた横断的な学習を通して多角的な視点を獲得することによって解釈を深めることをねらいとして、『こころ』を英訳した文章を二つの観点から併読した。

(i)きまりが悪い

Kを裏切りお嬢さんと婚約した私がその直後に下宿先で食事をする場面で、いつものように食事の席に姿を現さないお嬢さんの様子を「きまりが悪い」と描写している箇所がある。

そこで、エドウィン・マクレランの『Kokoro-こころ（夏目漱石・英文版）』と、近藤いね子の『Kokoro 英訳「心」』の二種類の英訳を提示した。

前者は「きまりが悪い」を「embarrassed」、後者は「shy」と訳している。それぞれの英単語の意味を生徒たちと確認したところ、「embarrassed」は一時的・道徳的な恥ずかしさ、「shy」は性格的・経験的な恥ずかしさを意味していることが分かった。

どちらの方が効果的に訳すことができているか発問すると、この場面は婚約した直後の恥ずかしさであって道徳的な恥ずかしさではないため、「shy」の方が適していると答える生徒がいた。一方で、単元の冒頭で取り組んだ人物像把握から、私やKと接する時のお嬢さんは大胆な一面があり性格的な恥ずかしさを持っているとは言い切れないため、婚約した直後という一時的な恥ずかしさを表現するのであれば「embarrassed」の方が適していると答える生徒もいた。いずれにせよ、根拠を持って解答するためには作品の解釈を深めることが重要であることを生徒たちは認識した。

(ii)震える

次に、自殺したKを私が目撃した場面の「そうして私はがたがたふるえだしたのです」という一文の「ふるえる」を表現するのに最も適当な語句は「shake」「tremble」「shudder」のいずれであるかを考えていった。

語句の特徴を把握するために、ウェブサイト「Corpus of Contemporary American English」を紹介した。これは、英単語の意味を研究することを目的に、言語学者であるマーク・デイヴィスが作成したコーパス（テキストや発音を大規模に集めてデータベース化した言語資料）である。

それぞれの語句の例文に目を通したところ、「shake」は物理的な振動、「tremble」はその後に感情を伴うことで恐怖や喜びからの震え、「shudder」は恐怖による身震いや戦慄を意味することが分かった。

それを踏まえて、この場面ではどのような震え方をしていたのか、私の心情はどのようなものであったのかを改めて捉え直し、より効果的に表現できる語句はどれかを考えていった。

このような活動を通して、解釈に正解はないものの根拠を持って考察することの重要性と、多角的な視点から作品を捉えることによって解釈を深めることができるようになるということを生徒たちは実感した。

⑤個人で探究テーマを再設定し、レポートを作成する

グループ発表や英訳との併読といった多角的な視点を獲得する活動を経て、生徒たちは個人レポートの作成に取り組んでいった。この最終課題では、グループ発表の探究テーマをさらに深めたり、必要に応じて探究テーマを再設定するなど、情報を再構成して自分の考えを深め、効果的に表現するねらいがあることを生徒たちに伝えた。

前述したグループの生徒による個人レポートを以下に示す。

探究テーマ Kの「自殺」と「仏教への信仰」の関連性について

夏目漱石の『こころ』の重要人物であるK。彼は主人公である私の友人であると同時に主人公の恋敵でもある。Kは物語の終盤で自殺してしまうが、その時の遺書には「自分は薄志弱行で到底行先の望みがないから自殺する」といった簡単なことしか書かれていなかった。遺書のなかで最も重要な「何故自分が死を選んだのか」という記述がないのである。そこで、Kの自殺の本当の動機は何かを、物語中で深く関わってくる「仏教」と関連づけて考察する。

まず初めに、本文中の「Kは真宗寺に生れた男でした。しかし彼の傾向は中学時代から決して生家の宗旨に近いものではなかったのです」「Kは昔から精進という言葉が好きでした」といった記述から、Kが信仰していた仏教は大乗仏教の一種である浄土真宗ではなく、上座部仏教などの出家主義の考えを基本とする仏教だと仮定する。

次に、本文中でKが「道の為なら全てを犠牲にすべきものだ」とも語る「道」という言葉について考察する。上座部仏教には「輪廻を繰り返す生は苦しみである。無明を断ち輪廻から解脱するための最も効果的な方法は、戒律の厳守、八正道の実践である」というような教義があり、あらゆる煩悩を断ち解脱をすることを目的としている。これは、「ただ学問が目的ではなく、意思の力を養って強い人になるのが自分の考えだ」というKの考えによく似ている。このことから、Kの言う道とは「解脱するための過程である戒律や八正道の実践によって悟りを得ること」だと推測する。

では、Kが自殺を選んだのは何故か。結論から言うと、「自身の恋心が、自身の理想である道の妨げになり、苦しんだから」である。

Ｋは、物語が進むにつれてお嬢さんに恋心を抱いていく。しかし、「道のためには全てを犠牲にすべきものだというのが彼の第一信条なのですから、摂欲や禁欲は無論、たとい欲を離れた恋そのものでも道の妨害になるのです」とあるように、恋心は道にとっての大きな障害であり、また、Ｋの信仰するような仏教では、恋は断ち切るべき煩悩の一種とされている。Ｋはそのことに苦しみ、「僕はばかだ」と自分を責めるようになる。

ここでＫと私の間に生まれた誤解が、更にＫを自殺へと向かわせてしまう。私はＫにお嬢さんへの恋を諦めさせるために「Ｋの心でそれをやめるだけの覚悟が無ければ」と声をかけるが、Ｋはそれに対して「覚悟ならないこともない」と返す。この時、私はこの覚悟という言葉を「Ｋがお嬢さんへの恋の方面に進む」という意味だと勘違いしてしまう。しかし、Ｋの覚悟とは、全ての疑問、懊悩、煩悶を一度に解決する手段、つまり自殺をするということであった。だが、そんなことを知らない私は、Ｋにお嬢さんを取られるかもしれないという焦りから、Ｋが今まで通り道の方面へ進むよう仕向け、Ｋの恋の行方を塞ごうとした。

こうして、私がＫに道の考えを守るように仕向けたことによって、Ｋは「道の為に、道の妨げである恋心を断ち切るために、自分がこれ以上理想の姿から離れないように」と自殺を決断したのだと考察する。もし、このとき私がＫの恋心を肯定していたなら、Ｋが死なない未来もあったのかもしれない。

このように、グループ発表から個人レポートの作成へと活動を繋げることによって、情報を再構成して自分の考えを深めながら効果的に表現する力を身につけていった。

⑥振り返り

単元の最後に、これまでの授業を通してどのような時に学びを実感したか振り返り、そこから「学ぶ」とは何かを考え、学習の本質に迫っていった。ここでは、「国語」という具体から「学習」という抽象にシフトし、他教科を含めた今後の学習や日常生活について意識を向けることをねらいとした。それぞれの考えを学級全体で共有した後、これまでの授業の感想を記述してもらった。その一部を以下に示す。

生徒A

今までの授業で学んできた事は、これからの自分や社会の発展に関わっていくような大切なことなんだと改めて実感した。特に、他者との関わりの中で自分が持っていなかった価値観が生まれて、視野を広げていくことが重要だと思った。そして、身に付けた知識は自分の中で留める事はせず、他者と共有することをこれからも意識していこうと思った。

生徒B

誰かと自分の考えを共有できる事は改めて幸せなことだと思いました。「学び」は「人を思いやる」ことにつながると思います。知識がないと考えなしに人にひどいことを言ってしまうかもしれません。一つの物事を複数の視点から見るという事は、他の人の立場になって考えることでもあります。「他の人を傷つけない」ために学びはあるのかもしれないと感じました。

生徒C

目の前の情報を鵜呑みにせず、「これは逆なのでは？」「これは本当なのか？」と少し疑問を持って生活してみるとより充実しそうだと思った。「学ぶ」ということは自分の事をより知るための道具ともなり得ると考えた。

生徒D

ここ最近、私は国語で学んだ「多角的」という言葉を意識して生活するようにしています。授業外のニュースや話に対して最近はすぐに信じず、まず軽く疑うといった手順をとっています。疑問を持ち、その話について理解しようと自分なりに考える中で、国語の授業で習ったことが役立つことがしばしばあります。今後もまず自分で物事について考え、その上で信じて動いていけたらいいなと考えています。

生徒E

現代文の授業は多くの「学び」を得ることができる場だなと感じました。疑問を持って情報を収集し、課題解決まで持っていくというプロセスが詰まっていました。人の意見に簡単に納得しないということは、他人の考えに流されない、騙されないということにつながるので、自分の考えをしっかりと持たないといけないなと感じました。授業中の意見交換は互いを刺激しあえるので、これからもグループワークを大切にしたいです。そして、他の良い意見や文章のまとめ方を自分自身に取り入れて、知識を増やしていこうと思います。

生徒F

もともと現代文はすごく苦手だったので、漢字や文章問題、レポートなどは全て避けたい存在でした。正直、自分の中で「我慢」してそれらに取り組んでいました。そのような中で、自分が一番学びを実感できたのは、学力が向上したからだと思います。事実、現代文のテストでも点数が取れるようになりました。でも、今となって思うことは、「頑張ってよかった」ということはもちろんですが、「楽しかった」という感情に驚いています。知識から視野の広がりに繋がり、多角的に物事を見れるようになって、疑問が生まれる。そのループが自分の中でできるようになったのは、この現代文の授業のおかげなんだなと再確認できました。

生徒G

これからどう学ぶか。授業を受けて思ったのは、何も勉強ばかりが学びではないのだということです。映画を見る、本を読む、インターネットを見る、外を歩く。様々なことに学びの機会は転がっているのではないでしょうか。ただ大切なのは、見るだけ、読むだけではなく、そこから発展した思考にたどり着く、またその過程にこそ意味があると思います。このことを忘れないようにしたいと思います。

生徒H

「学ぶ」ことは近道することができないものだなと感じ、何か知識を得たいと思ってもすぐには得られず、活かすのにはもっと時間がかかり、だからといって「学ぶ」ことは苦にならないものだと思いました。今の私は物事に意欲的になれず、興味・関心がそれてしまい、すぐ手放しがちになっていますが、その状態では「学ぶ」ことに好感を持てず、自分のものとして得ることができないと思うので、もっとプラス思考になって気持ちを落とさないようにだけでもしていきたいです。言葉以外にも感覚的な学びもあるなと気づき、春になったら少し外に出て景色を眺めたりする回数を増やしてみたいなと思いました。

⑦授業アンケート

97名を対象に実施した授業アンケートの結果を以下に示す。

選択肢

（1．育成されたと思う）（2．どちらかと言えば育成されたと思う）（3．どちらかと言えば育成されなかったと思う）（4．育成されなかったと思う）

（a）他者と協働して課題を解決する力

1（67名　69・1％）2（25名　25・8％）3（5名　5・2％）4（0名　0％）

（b）収集した情報が妥当なものであるか吟味する力
1（37名　38・1％）　2（45名　46・4％）　3（14名　14・4％）　4（1名　1・0％）
（c）情報を再構成して自分の考えを深める力
1（59名　60・8％）　2（31名　32・0％）　3（7名　7・2％）　4（0名　0％）
（d）自分の考えを効果的に表現する力
1（40名　41・2％）　2（42名　43・3％）　3（14名　14・4％）　4（1名　1・0％）

1ないしは2を回答した生徒の多さが印象的であるが、ここで着目したいのは3ないしは4をつけた生徒の記述の内容である。その一部を以下に示す。

（a）他者と協働して課題を解決する力
最初は計画を立てて誰が何を調べるかなど分担できたのだが、そこからの授業であまり来ない人がいたり、私語が多くて自分の役割（調べること）などを他人任せにしたりする人がいて、結局2人でレポートを完成させたりしたのであまり協力できなかったし、自分自身注意できなかったのも良くなかったと思う。
（b）収集した情報が妥当なものであるか吟味する力
収集した情報については、まだもっと調べあげることができたと思います。私は個人レポートを書く際、大学で教授をされている方の論文から情報を得ましたが、その内容がとても納得のいくものだったのでそれ以上は情報収集を深めずにレポートに取り組んでしまいました。しかし、もっと細かく調べることができたと思います。また、論文を参考にしながらも、もっと自分の見解をはっきり示すべきだったと思います。次にまた文章を書く機会があれば、この反省を活かしてより良いレポートを書きたいです。

（c）情報を再構成して自分の考えを深める力

情報収集があまいと感じる点があった。他の班と比べてみると、調べたことなどが少なかったように感じた。もっと発想をとばして軸になるような根拠を見つけるべきだった。

（d）自分の考えを効果的に表現する力

グループでのテーマも自分は情報を探したりするだけでまとめることを任せてしまったり、個人レポートも自分で考えていることを文に表すことがあまり出来ず、イマイチなレポートになってしまったからです。もっとグループの場でも任せきりにせず自分の考えをまとめて表現していきたいです。

今回の単元では育成されなかったと回答しているものの、自らの課題に気付き、改善を図ろうとする意欲が見て取れる点において特筆すべき記述だと言える。

5 まとめ・考察

設定した仮説と照らし合わせたところ、生徒の活動や記述の様子から次のような成果が見て取れた。

（a）協働的な学習を通して互いに刺激を与えながら、他者を尊重して自分の考えを共有することによって課題を解決することができた。

（b）自分の考えや外部からの情報に妥当性を求めることによって、批判的思考力やメディアリテラシーを育成することができた。

（c）他者の意見や収集した情報をもとに、多角的な視点から物事を見ることによって自分の考えを深めることができた。

（d）自分の考えと他者の考えをすり合わせながら、グループ発表や個人レポートの作成を通して他者に理解してもらえるように自分の考えを効果的に表現することができた。

また、英語との横断的な学習を起点として、「道」に着目して倫理の教科書を参照しながらレポートを作成する生徒もおり、生徒が自発的に教科等を横断させる学習を繰り広げた点も成果の一つと言える。

加えて、振り返りから、いわゆる「勉強」以外にも学びがあることに気づき、「創造的・論理的思考の側面」だけではなく「感性・情緒の側面」や「他者とのコミュニケーションの側面」から学びを実感した生徒がいたことも特筆すべき点である。

なお、探究的な学習を実施する際には、生徒の活動を見守る姿勢を持ちながらも決して放任することなく、考察の過程や内容などを例示することで学習の見通しを持たせたり、教員が生徒一人ひとりと意見交換をすることで思考を深めるきっかけを作るなど、場面に応じた支援が必要となる。

また、学習の目的を意識させることも重要であると感じた。活動が目的化されることによって学習が散漫になってしまうこともあるため、何のための活動なのかということを明確にすることによって目的意識を持たせ、一つ一つの活動に意味を見い出しながら生徒たちに学習を促していきたい。いずれにせよ、単元全体の構成について入念に考えなければ探究的な学習は機能しないということを実感した。

本単元はクラス替えから半年が経過した後期に実施したが、協働的な学習を取り入れた学習は生徒同士の信頼関係が鍵を握るため、実施時期の検討も探究的な学習を機能させるための重要な要素として挙げられる。級友の人柄を知ることや、自分の発言を受け入れてくれるだろうという安心感とそれを生み出すための受容的な雰囲気がなければ、このような学習は成り立たない。

同様に、教員と生徒の信頼関係も重要である。自身が担当する授業の意義を感じてもらい、教員に対する生徒の信頼を獲得しなければ、生徒に活動を委ねる探究的な学習はうまく機能しない。このように考えると、本単元は教員自身が生徒と向き合い、教育を探究することができているか問われ続けるものでもあった。

【参考文献・引用文献】

・文部科学省（2019）『高等学校学習指導要領（平成三〇年告示）解説　総則編』東洋館出版社。
・文部科学省（2019）『高等学校学習指導要領（平成三〇年告示）解説　国語編』東洋館出版社。
・文部科学省（2019）『高等学校学習指導要領（平成三〇年告示）解説　総合的な探究の時間編』東洋館出版社。
・文部科学省（2014）『言語活動の充実に関する指導事例集～思考力、判断力、表現力等の育成に向けて～【高等学校版】』教育出版。
・夏目漱石（1966）『漱石全集　第6巻』岩波書店。
・エドウィン・マクレラン（2005）『Kokoro- こころ（夏目漱石・英文版）』Tuttle classics。
・近藤いね子（1972）『Kokoro 英訳「心」』研究社出版。

6

伝統的な「読むこと」の授業②

ソフトスキルを使って読む

―フィルムスタディーによる「概念理解」―

高橋 一嘉（北海道穂別高等学校教諭）

国語の学習において、主体的に「読む」ためには、目的と方法が明確でなければならない。その方法の一つが、論理スキルである。新学習指導要領の目標に「言語活動を通して、国語で的確に理解し、効果的に表現する資質能力」とあるが、この資質能力を支えるのが論理スキルである。このスキルを使って「他者との関わりの中で伝え合う力」や「思考力や想像力」と言ったソフトスキルを育て、物事の本質をつかみ、「概念理解」に繋げることに国語の授業の一つの目的がある。本質を捉えることは、論理という哲学的な方法を使って、生きてゆくための「軸」を作ることでもある。このソフトスキルの中で最も重要なのは、「クリティカルシンキング」と「コミュニケーション力」である。情報が氾濫する社会では、知らず知らずのうちに他者の意見に流されるリスクが生じる。したがって、物事の本質を捉え、「私はこう思う。何故なら……」「私は賛成だ。何故なら……」という明確な受け答えが要求されるのである。

今回は、こうしたソフトスキルを授業の中で学ばせ、「概念理解」へと繋げていくための実践を紹介したいと考える。

1 フィルム教材（サブカルチャー）の間テクスト性

サブカルチャーの国語科教材の可能性に関しては、多数の先行研究がある。(注1・2) そこでは国語科教材として成立する「境界線上」に位置するため、その扱い方にはきめ細かい配慮が必要であるという指摘がある。しかし、私は生徒にとって「楽しく、力のつく」授業の創造には、効果的なサブカルチャー教材の開発は不可欠であると考えている。特に、授業でフィルムを活用することの意義については、次のような七つの指摘がある。

「第一に、実際にみたり経験するのが困難なことを、映画を通して知ることができる。第二に、分かりやすい事例を提示したり、モデル化をはかることで、学習への興味・理解を促すことができる。第三に、繰り返し視聴できる。第四に、目標となる情報だけでなく、学習者の多様な考えを誘発する情報が含まれている。第五に、感情を強く喚起することができる。第六に、情報に関する共通の認識を持つことができる。第七に、映像文化に対する興味や理解力を育てることができる。(注3)

映像フィルムは生徒にとって興味を高め、授業で活用することで満足度を高めることができる教材である。(注4・5) しかし、単にフィルムを提示するだけでは、学習目標を達成する効果的な教材とはならない。したがって、そのためにはゴールに沿った授業設計をすることが不可欠である。そこで、私はフィルム教材のもつ「間テクスト性」という要素に着目した。「間テクスト性」というのは、テクストの意味を他のテクストとの比較によって見出すことである。それは、アナロジー（類推事例）を引用してエッセンスを考えることと原理は同じである。授業においては、一つの教材だけではなく、サブカルチャー教材（フィルムや映像）などの多様なメディアに目を向けて作品比較や比較分析に使用することで、生徒の作品理解や概念理解を促すことに役立つ。何故なら、テクストの対比によって構造的に教材を比較し、知識をネットワーク化することでエッセンスが見えてくるからである。

今回は、評論「水の東西」と比較する教材として、ジブリ映画を比較教材として選んでみた。ジブリ映画の持つ哲学と現代文明に対するシンプルなメッセージ性が、テクストを深く読む上で最適であり、何よりも「楽しさ」を授業に演出できると判断したからである。

2　逆向き設計によるゴールの設定

多様な価値観の中では、予想できない状況に対応する力が試されるという。汎用能力である。覚えた知識の量だけで競争できるのは、同質な価値世界にいるときだけである。しかし、その汎用能力は、教えられて身につける力ではない。他者との主体的・対話的な経験の蓄積によって身につけていくものである。
この汎用能力は、生徒を高次のレベルへと導く「概念理解」と強い関連性がある。そもそも概念とは、抽象性、普遍性のある原則や考え方で、時代と場所を超えて通用するものである。この概念の理解は、生徒が複雑な考えに取り組む能力を構築するのに役立つ。しかし、生徒に概念を理解させることは、「この概念はこういう意味だ」といった知識を与えることではない。何故なら、その概念の内実を教師が措定してしまうと、結局、決められたゴールに生徒を誘導してしまうことになるからである。(注6)
したがって、対話を通してトピックの背後にある大きな概念について議論することによって、特定の単元や選択項目を学んでいる理由の核心に迫ることが可能になる。さらに、具体から抽象的な思考へと移行し、学習を様々な新しい文脈に適応させることができるようになる。このように「概念理解」は汎用能力の育成には不可欠なのである。

そこで、この「概念理解」を目的とした授業を逆向き設計してみた。「逆向き設計論」における「理解」とは、学んだことを状況において抽象的に活用ができる状態にあることをいう。認知心理学では、持っている知識を状況に応じて使いこなすことができるようにするには、ある概念を中心に知識が体系的にネットワーク化されていなければならないと言われている。この知識のネットワーク化には、生徒が知識を自ら活用して問題解決を行う等の学習活動が求められる。

さらに、この逆向き設計には主体的・対話的で深い学びの実現を目指す授業改善につながる四つのポイントがある。(注7)

（ア）設定されたコミュニケーションの目的・場面・状況などを理解する。
（イ）目的に応じて情報や意見などを発進するまでの方向性を決定し、コミュニケーションの見通しをたてる。
（ウ）対話的な学びとなる目的達成のため、具体的なコミュニケーションを行う。
（エ）言語面・内容面で自らの学習のまとめと振り返りを行う。

この四つの点を押さえながら、単元構成をすることがポイントになる。そこで私は、「逆向き設計論」に基づいてフィルムスタディという手段を通して「概念理解」の方法を学ばせ、その力をパフォーマンス課題に繋げ、高次のレベルへと生徒を導く授業を試みたのである。

以下、「単元構想」を簡単に示してみる。

●単元構想

「重要概念」
共生と征服・自然観・多様性と文化・一神教と多神教

「到達目標」
・論理三原則を使ってテクスト分析（事実と意見の区別など）ができる。（論理的分析力）
・事実の背景にある概念を捉え、理解できる。（背景洞察力）
・周辺で起きている具体的事例とテクストの主旨を比較関連させ、問題設定ができる。（問題設定力）
・自分の考えを論理スキルを使って表現することができる。（論理的表現力）
・他の事例をリサーチし、異文化理解を深め、プレゼンテーションにつなげることができる。（プレゼン力）

第一のアプローチ（全6時間）

フィルム分析（ジブリ「もののけ姫」）
・チャプター1、冒頭のメッセージ文の分析（論理3原則）
・チャプター3・9をそれぞれ視聴し、それぞれの場面ごとにメタファーになっている事例を指摘させ、その意味を考えさせる。
・「アシタカと村の人々との暮らし」「エボシとその村の人々の暮らし」を比較し、自然と人間の関係性の描かれ方の相違点と自然に対する考え方をグループで分析し、全体で批評し合う。
・自然界を支配するシシ神が死ぬ最終場面において、突風が吹いてすべての物が破壊されたあと、再び自然の生き物がよみがえる場面を観たときの感想を生徒にまとめさせる。
テクスト分析（評論「水の東西」）
・論理の三原則による文章構造の分析とロジックマップの作成を行い、要点をつかんだ上で要約の作業を行う。

・「水」に関する仕掛け「鹿おどし」と「噴水」を通して背景にある日本人と西洋人の「水」に対する考え方を対比によって整理させる。

第二のアプローチ（全3時間）

フィルムとテクストの比較から概念理解へ

・フィルムで描かれている登場人物の自然に対する考え方とテクストにおける筆者の「水」に対する考え方を比較し、共通点を見出す。
・共通点を一般化し、背景に存在する自然観をグループ内でまとめ、全体で批評し合う。
・自然観の背景にある宗教観について一神教と多神教という観点からまとめる。
・宗教観と近代自然科学の発展との関連性を理解させる。

第三のアプローチ（全6時間）

パフォーマンス課題

①フィルム「もののけ姫」の最終場面で指摘された自然と人間、科学技術の「共生」という問題について具体的な事例をもとに考察、議論をし、自分の考えを文章にまとめる。

「具体例」

沖縄のイリオモテヤマネコが発見されたときに、住民間で起こった自然保護と経済優先の問題（国立大二次試験改題）について、議論を重ね、自分の意見をまとめる。

②比較文化という観点から、日本国内や世界において東西文化を象徴する具体的な事例を挙げてポスターセッションを行い、互いに批評し合う。「水」以外の例を指摘して、プレゼンテーションを行う。（日本の東西、世界の東西）

パフォーマンス評価

・論証文、プレゼンテーションの評価規準を示す。

ゴールから逆算して授業を組み立てていくことを「逆向き設計」（バックワードデザイン）と言うが、今回は単元の「到達目標」をゴールとして、三段階のアプローチに区分し、授業をデザインした。そして、学習の導入で「到達目標」、タスク（パフォーマンス課題）、パフォーマンス評価などを示し、簡単なガイダンスを行う。生徒には、過去の授業風景のＤＶＤなどをパフォーマンスモデルとして示し、ゴールのイメージを共有させる。

最初の六時間は、フィルム分析を行った。チャプターごとに「もののけ姫」を見せた後、冒頭のメッセージ文の分析をし、概念につながるコンテクストを読み取るという授業を展開した。その後、互いの議論を通して、「アシタカと村の人々との暮らし」、「エボシとタタラ場の人々の暮らし」を自然との関連性から分析し、「共生」「文化と多様性」「自然観」などの概念に気づかせる授業を展開するのである。

では、そのジブリ映画を扱ったフィルムスタディーの授業展開を具体的に紹介したいと思う。

3　フィルムスタディーの授業展開

> （1）チャプター1鑑賞冒頭文の分析
> （2）事実の背景にある問題を考え、ストーリーを予測する。
>
> **（教師からのコマンド）**
> ①フィルム「もののけ姫」を鑑賞する前に、二人の登場人物とその周辺の人達の暮らし（「アシタカと村の人々との暮らし」「エボシとタタラバの人々の暮らし」）について後で分析することを説明しておく。
> ②チャプター1を鑑賞した後、黒板に冒頭文を映し、書かれている事実を「論理3原則」の方法を使って分析し、コンテクストから考えられることや、ストーリーを考えさせる。

むかし、この国は深い森に
おおわれ、そこには、
太古からの
神々がすんでいた。

・この冒頭文からどのようなことが背景に読み取れるか？

1、対比構造をまとめる
（1）むかし（すんでいた）
⇔いま（すんでいない）
（2）むかし（深い森）
⇔いま（浅い森）
（3）深い森（神々がいる）
⇔浅い森（神々はいない）
2、言い換え
（4）深い森の神々＝自然神（アニミズム）自然宗教

生徒の意見

冒頭文の分析

「むかし」との対比から「いま」を想像する。

（ア）「いま」は深い森がない。
（イ）「いま」は神々がいなくなった。
（ウ）「浅い森」には神々が住まない。
（エ）神のいる自然と人間の生活が近い。

ストーリーの予測

（ア）「いま」は自然の中に神々が住めなくなり、その結果、人間と神々との対立を生むということをテーマにしたストーリーではないか。

意見の根拠

●「むかし」深い森があった。
●「むかし」神々がいた。
●「深い森」に神々が住んでいた。
●「深い森」に、太古からの神々が住んでいたという事実は、神々との距離が近くなったことを示すものであり、「自然＝神」と言い換えることができるから。
●「むかし太古からの神々が住んでいた」という過去を示す事実から、「いま」は何かの原因で住まなくなったと考えられるから。

（教師からのコメント）

①人間と自然が身近なところで生活するという事実から、自然をどのようにとらえているのか。
②また、そこからどのような概念を導いたらいいか。
③人間と自然の中に住むことができなくなったとするならば、その原因は何か。

①チャプター3、9を鑑賞分析
②登場人物アシタカとその周辺の人達の自然に対する考え方をまとめる。
③エボシとタタラ場の人々たちの自然に対する考え方をまとめる。

生徒の意見	**チャプター3の場面** （ア）自然に対して畏敬の念を持っている。 （イ）自然の中に神々の存在を意識している。 （ウ）自然の中でその運命に従いながら人々は暮らす。 （エ）人間は自然＝神に支配され、自然の一部を借りて「共生」「共存」する対象 （オ）独特の自然観を持っているのではないか。
意見の根拠	●タタリ神に対して畏怖の念を持ちながら塚を築いて魂を鎮めようとする村の人々の行為から神に対する敬いの気持ちが感じられる。 ●イノシシに敬語を使い、神の存在として見ている点 ●たたりを受けたアシタカに対して、「誰も運命は変えられない」という村の宗教者老婆ヒイ様の言葉 ●「矢をイノシシに射るとき覚悟を決めました」というアシタカのセリフ

（1）鉄の礫が象徴するものとは何か。
（2）エボシの真の目的は何か。

生徒の意見	
意見の根拠	

チャプター9の場面

(ア)シシ神は万物の創造主、自然の支配者だが、人間が自然を支配するべきだという考え方を持っている。
(イ)イノシシから出てきた鉄の礫は鉄砲の弾ではないか。
(ウ)石火矢を病人や売られた娘達に作らせ仕事を与え、社会的弱者を救おうとする。
(エ)自然(神)を人間との対立関係として捉え、共生する対象ではない。
(オ)礫は自然と人間の対立を生む原因であり、憎しみの象徴である。

鉄の礫

(1)エボシの集団
砂鉄を加工し、鉄の火縄銃を作り、シシ神を殺して人間が自然を支配する社会を創ろうとする集団

●山犬、もののけ姫とエボシたちの対立関係が描かれている。
●礫はイノシシの憎しみの原因であり、イノシシの人間に対する憎しみの言葉から人間と自然の対立を象徴するもの。
●エボシは、不治の病で苦しむ人々を救うために、万物を支配するシシ神を殺して、人間が自然を支配する世の中を作ろうとしている。(アシタカに秘密の場所を紹介する場面)
●鉄の礫は、科学技術や人間の英知の象徴であり、メタファーになっているから。
●アシタカが受けたタタリの原因になっているから。

(教師からのコマンド)

①これまでの話し合いの内容をまとめると、エボシの真の目的は、病(ハンセン病)や人身売買で売られた女達といった「社会的弱者」を救い、シシ神を殺すことで人間による自然を支配し、コントロールする社会を創ろうとしていると考えられるのだが、では、彼女の主張の矛盾点は何かを議論しなさい。

生徒の意見	意見の根拠
(ア)「戦」という争いによる社会の混乱によって社会的弱者は生まれる。その事実を知っているのに「戦」の武器「石火矢」という武器を作って社会的弱者を救済するという矛盾。	●これは、現代でも同じことが起きている。戦争、紛争が起きれば、女性や子供達、年寄り、病人は最も被害を受ける。

（教師からのコマンド）

①アシタカと村の人々の自然に対する考え方とは何か。
②エボシとタタラ場の人々の自然に対する考え方とは何か。
③フィルム全体のテーマは何か。
④ブレーンストーミングによってキーワードを付箋に書き込み、共通するものとそうでないものを整理しなさい。

（1）それぞれの自然に対する考え方と概念化

生徒の意見	意見の根拠
アシタカと村の人々 （ア）アシタカと村の人々は、自然の中に神の存在を認め、畏敬の念を持ち、自然の一部を借りながら人間と自然との「共生」を目指す考え方を持つ集団である。 **エボシとタタラ場の人々** （ア）エボシとタタラ場の人々は、自然と人間を対立関係にあるものと考えている。石火矢は科学技術のメタファーで、それによって自然を支配するという考え方をもつ集団である。 （イ）自然vs人間という構図を変え、互いが共生するために必要なものは何かというメッセージがテーマとしてあるのではないか。	●チャプター3での分析 ●「タタラ場と自然、双方が共に生きる道はないか」というアシタカの台詞から、「対立」ではなく、「共生」する道を最後まで追求しようとする姿勢がうかがえるから。 ●チャプター9での分析 ●シシ神という万物の生死をコントロールする存在に対して、人間と対立する対象として捉え、殺そうとしている。 ●最後の場面で、破壊によってすべてを失ったエボシがもののけ姫との和解の姿勢を示す姿が描かれているから。

（教師からのコマンド）

①多神教とアシタカと村の人々の自然観の共通点をリサーチしてまとめなさい。

②一神教とエボシとタタラ場の人々の自然観の共通点をまとめなさい。

（1）タブレット使って、「一神教」、「多神教」についてグループごとにリサーチし、その概念の内容と登場人物たちの自然観の共通点を話し合い、発表する。

（2）全体での発表後、教師の方で要点をまとめる。

「まとめ」

多神教と一神教との関係性についてのまとめについては下図の通りである。

日本的自然観

（1）自然への畏敬の念

（2）自然の中に神々の存在を見る。

（3）自然を敬い、必要以上に人為を加えず、自然と共存する。

多神教　共生型戦略

西洋的自然観

自然・神・人間の序列関係

・神（万物の創造主）

・人間

・自然（物質）

チャプター26から最終場面の展開についての議論

「シシ神の死による破壊と再生の場面」

（1）何故、シシ神の意志によってアシタカは生かされたのか。

（2）最終場面で作品として問題にされているテーマを概念化する。

生徒の意見	意見の根拠
(1) (ア) 科学技術によって乖離した自然と人間の架け橋的存在として生きてゆくことを運命づけられたのではないか。	●アシタカの役割とは、対立し、距離感を持っていた人間と自然をつなぎ止める役割を持った人物として描かれていたから。
(2) (ア) 概念としてあげるとすると、「異文化理解」ということではないか。	●アシタカは、対立する自然の神々と人間たちとの間に立って共に生きる道を探ろうとしてそれぞれの集団に入っていってその視線で解決策を探ろうとして奔走する姿は、異文化理解ということだと思うから。

4　評論教材「水の東西」との比較から概念理解へ

先に示したように、最初に論理スキルを使ってフィルム教材を分析し、事実の背景にある概念を見つけることによって、生徒は単元の輪郭を形成する。さらに、これを文脈に位置づけてテクストを読んだり、自分の表現として適切に使うことができるようにしていく。事実、この最初の授業で、生徒達から「自然と共生する関係」と「自然と対立する関係」という両者の自然に対する立場の違いが、根拠とともに指定された。

そこで、日本人と西洋人の自然に対する考え方の違いがどこから生まれたものなのか、さらなるリサーチと考察をさせる。その際、最初にフィルム分析した際のアシタカとその周辺の人々の自然に対する考え方とエボシを中心とした人々のそれとの比較から考察させることになる。このように生徒たちの中から出された「何故」という疑問に対して的確に応えることは、彼らの知的好奇心をインスパイアーすることにもなる。

最後に、二つの教材の分析結果を比較しながら、フィルムの最後の場面「自然界を支配するシシ神が死ぬ場面」

において、突風が吹いてすべての物が破壊されたあと、再び自然の生き物がよみがえる場面を観たときの感想を生徒にまとめさせた。その感想の中に「ほっとする」という感想が出たが、それは何故かという疑問を指摘して、「水の東西」を学習した後に再度、議論することになる。

（教師からのコマンド）
①「水」に関わる日本的な考え方、「人間の手を加えない自然のままの姿を大切にする心」と西洋的な考え方「噴水に象徴されるような造形的な捉え方」の違いから、それぞれの自然観を捉え直す。
②フィルムの中のアシタカとエボシの自然観と比較し、各グループでの話し合いから全体での討論へと発展させ、日本と西洋の自然観の違いを整理していく。

「流れる水」「見えない水」と「形のある水」「見える水」の比較と日本と西洋の自然観の違い。（概念「自然観」）

生徒の意見	意見の根拠
「日本人の自然観」 **「流れる水」「見えない水」** ・自然に対して安易に人間の手を加えようとしない独特の感性というのは、自然の中に感じている畏敬の念と関係があるのではないか。 ・それは自然の中に神の存在を感じ取っているということであって、造形的な感性や美意識に乏しいということではない。	・タタリ神（イノシシ）を神と呼び、矢を射ろうとするアシタカに「手を出すな！　呪いをもらうぞ！」という村人の台詞からも、自然の中に神の存在を感じ取ることがわかる。 ・タタリ神の塚を築くことから崇める存在として見ている。 ・優れた寺社仏閣が歴史的遺産として残っている。

「西洋人の自然観」
「形のある水」「見える水」

・「形のない水」を噴水にして「見える水」「形のある水」として造型物にしているのは、自然を畏敬の対象として捉えていない。
・造形物にすることは人間の手を加えることだから、形のないものを形のあるものに変えるというのは、自然を物として捉える感性を持っている。

・エボシとタタラ場の集団が、石火矢という兵器を使って、ヤマ神（山犬やイノシシ）やシシ神を殺す目的は、人間による自然支配であり、それは西洋の自然を畏敬の対象として捉えていないことの根拠になる。
・砂鉄の原料を掘るために山を崩し、木を切るというタタラ場の生活は、科学技術に依存する現代の生活と同じであるから。

①前回、出された生徒の意見の中から、「西洋的自然観において自然の中に神の存在を見て取るという意識がないのは何故なのか。」という疑問に対して、「西洋的自然観とキリスト教の関係」「キリスト教における序列観」について、それぞれ十分間、口頭のみで講義し、それを生徒に聞き取らせ、原稿用紙に再文章化させる。
②「キリスト教と近代科学の発達の関係」について、現代評論を読む上で最も基本となるエッセンスを説明する。

キリスト教の教義

（1）序列
神（万物の造物主）
⇒人間⇒自然

（2）自然現象は物質現象
現象には因果関係がある。
原因の追求と改善
⇒科学技術の発達

科学至上主義へと発展する

今回の授業は、テクストをフィルム教材と比較しながら複眼的読みを発見し、クリティカルリーディングさせて、概念理解に繋げる一つの方法の紹介であった。このテクストの分析方法を学び、対話をしながら思考する雰囲気と場を作っていくことによって「深い学び」につながっていくのである。その意味で、フィルムスタディーは有効な方法の一つであると思っている。

【注】

（1）町田守弘（2009）『国語科の教材・授業開発論―魅力ある言語活動のイノベーション』東洋館出版社、（2015）『「サブカル×国語」で読解力を育む』岩波書店、（2017）『国語授業における「深い学び」を考える―授業者からの提案』東洋館出版社、（2019）「大学院生と追究する国語科の教材開発―サブカルチャー　教材の可能性を求めて」『早稲田大学大学院教育学研究科紀要』第29号。

（2）小林忠資・寺田佳孝・中井俊樹（2014）「大学における映画を活用した授業の特徴―国内外の授業実践の比較分析」『名古屋高等教育研究』第14号。

（3）山口榮一（2004）『視聴覚メディアと教育』玉川大学出版部。

（4）清水美帆（2017）「映画視聴後の2つの話し合い活動における協働的学び―中国における『視聴説』授業の実践から」『国際交流基金日本語教育紀要』第13号。

（5）保坂敏子（2011）「映画・ドラマを通した『学び』の可能性①対話中心の聴解授業とメディアリテラシー」『異文化コミュニケーションのための日本語教育』344～345頁、高等教育出版。

（6）半田淳子（2017）『国語教師のための国際バカロレア入門』大修館書店。

（7）中嶋洋一（2011）「バックワード・デザインによる『指導案改善』研修のすすめ―本気で、今の授業を変えたい人へ」関西外語大学英語教育東京フォーラム。

7 現代的な「読むこと」の授業②（論理的な文章②）

随筆の学習材特性を見つめ直す

―「現代の国語」と「言語文化」の扱いの違いに着目して―

岡本 岳之（北海道留萌高等学校教諭）

1 「現代の国語」「言語文化」における学習材としての「随筆」の課題

国語科で扱う文章には様々なものがある。平成30年に告示された高等学校学習指導要領解説国語編でも文章の種類についての言及が行われており、それらは、例えば、書き手の目的や意図、虚構性の有無などによる整理によって論理的な文章や実用的な文章、文学的な文章と区分されている。新科目である「現代の国語」と「言語文化」では、一般的にそれぞれ、前者で論理的な文章、実用的な文章、後者で文学的な文章を扱うことになっている。それでは、「随筆」は、この両科目においてどのように扱われるべきなのだろうか。各教科書会社を概観すると、「随筆」は「言語文化」、「現代の国語」両者で扱われている場合がある。ここからも、新科目において、「随筆」の学習材の曖昧性という問題が浮き彫りになってくる。

本論では、この問題を解消するために、「随筆」の学習材特性を見つめ直し、それを踏まえた実践について提案していく。

2 「随筆」とは何か

「随筆」の学習材特性を考えるにあたって、そもそも「随筆」とは何かということを捉えていく必要がある。まず、一般的な捉えとして、辞書的な意味を以下に示す。

見聞・経験・感想などを気の向くままに記した文章。漫筆。随想。エッセー。『広辞苑第7版』

この定義から読み取れることは、「随筆」は、筆者が体験したり、知ったりしたことについて自由に書かれたものであるということである。つまり、話題は筆者自身が起点となっており、文体も筆者に委ねられているのである。

次に、国語教育における定義について概観していく。太田勝司（2001）は、「随筆」について「文字通りに筆にまかせて思いのままにつづった文章のことをいい、特に決められた形式を持たない」と説明している。それに加えて、「随筆・随想は、一般的には文学的文章として区分けされている。（中略）作者のものの見方・とらえ方の鋭さや新鮮さ・独自性に触れることが重要になってくる。」と述べている。また、藤原和好（2018）でも、「随筆は、論説文や説明文とは違った性格の文章である」と説明されている。さらに、松本修（2015）でも、「体験・見聞や考える事柄などを、筆のおもむくに任せて、自由に書いたと感じさせるように書かれた文学作品」と定義づけられている。加えて、大村勅夫（2016）は、「随筆」における先行研究を概観し、「随筆」は「その定義が一様でない状況にある。」と結論づけたうえで、随筆を「ものやことについて、書き手のものの見方、感じ方、考え方などが自由に表された文章」と定義づけている。

以上の先行研究から、「随筆」は「文学」と捉えられ、筆者のものの見方・感じ方・考え方を読み取る指導が重要になってくると考えられる。

一方で、太田（２００１）は、随筆について、「表現形式が自由ということで、幅広い領域を含み込み、他の文章ジャンルとの区別がつきにくいという指導者側の問題もある。（中略）特に説明的文章においては、厳密な意味での論理構成がなされているものもあるが、かなりのものが随筆・随想的な部分を含んでいて、指導目標を設定する場合、困難をきたしてしまうこともある」と指摘している。また、佐藤洋一・有田弘樹（２０１４）において、「随筆」の学習材特性の一つとして、「論理的な構成の『型』の応用と工夫がわかる」ことが挙げられており、「随筆は文学的文章と論理的文章の二つのテキスト形式を合わせ持つ『活用・応用型のジャンル』である」と論じられている。

これらの先行研究の指摘を整理すると、「随筆」は「文学」的なジャンルのみにとどまらない、「論理」的な要素も持ち合わせたものであると捉えられる。

以上の一般的な定義、国語教育での定義を整理すると、「随筆」は以下のようなものであると考えられる。

①筆者を起点とした話題について自由な形式で記されているもの。

②論説文、説明文とは異なる性格であり、文学的文章として一般的には区分される。しかし、その定義は曖昧であり、その論理性についても学習材特性として見出されている。

③①、②の性質から指導に際して困難点がある。

3　学習指導要領上の「随筆」の扱い

3－1　平成30年学習指導要領解説国語編から捉えられる「随筆」の学習材特性

本節では、前節で確認した「随筆」の特性を踏まえながら、学習指導要領上では、どのように捉えることができるのか、考えていく。

平成30年学習指導要領解説国語編における「言語文化」の〔思考力、判断力、表現力等〕A書くこと　イの解説には次のようにある。なお、傍線は筆者が付したものであり、以降の引用における傍線も同様である。

「文章の種類には様々あるが、ここでは、我が国の言語文化の特質に関わる文学的な文章、具体的には詩歌、小説、随筆などを指している」

「書くこと」の領域の記述であるが、一般的には、「随筆」は文学的な文章と捉えられている。そう捉えるのであれば、「言語文化」で「随筆」を扱うことは自然である。また、「言語文化」に関わる、「随筆」の記述には他にもある。「言語文化」の「内容の取扱い」（4）アの解説として以下のような記述がある。

我が国の伝統と文化や古典に関連する近代以降の文章とは、我が国の伝統と文化に関連する近代以降の文章、古典に関連する近代以降の文章のことである。前者には、例えば、我が国の伝統や文化について書かれた解説や評論、随筆などが、後者には、例えば、古典を翻案したり素材にしたりした小説や物語、詩歌などが考えられる。

これらの記述をもとにすると、「随筆」は文学作品という側面だけではなく、伝統や文化への理解に資するものとして捉えられていると考えられる。

しかし、以上のように「随筆」を捉えるのであれば、1節で確認した、「現代の国語」で「随筆」が扱われているという点に矛盾が生じることになる。それでは、学習指導要領上では、「現代の国語」と「随筆」に関連するどのような記述が見られるのだろうか。平成30年学習指導要領解説国語編内の「現代の国語」の「内容の取扱い」（4）には、『C読むこと』の教材は、現代の社会生活に必要とされる論理的な文章及び実用的な文章とすること。」と記されている。そして、以下のような解説が付されている。

> 論理的な文章とは、説明文、論説文や解説文、評論文、意見文や批評文などのことである。現代の社会生活に必要とされる論理的な文章とは、これらのうち、（中略）主として、現代の社会生活に関するテーマを取り上げていたり、現代の社会生活に必要な論理の展開が工夫されていたりするものなどを指している。（中略）論理的な文章も実用的な文章も、事実に基づき虚構性を排したノンフィクション（小説、物語、詩、短歌、俳句などの文学作品を除いた、いわゆる非文学）の文章である。

ここで、確認したいことは、論理的な文章、実用的な文章がノンフィクションであるということである。その視点で学習材を捉えたとき、「随筆」はノンフィクションであると捉えられる。なぜなら、前節で見てきたように、「随筆」は筆者の経験、見聞、感想が起点となる文章だからである。この視点から見ると、「随筆」を論理的な文章、実用的な文章の側面を持ったものとして捉える必要性が出てくる。この解説の括弧内の文学作品の具体に「随筆」がないこともそう捉える裏付けとなるだろう。

このことから、「随筆」には「現代の社会生活に関するテーマを取り上げていたり、現代の社会生活に必要な論理の展開が工夫されていたりするもの」という学習材特性があると考えられる。

以上のことを整理すると、「随筆」は、「言語文化」において「文学としての随筆」、「伝統文化への扉としての文章」と捉えられる一方、「現代の国語」では、「論理的な文章としての随筆」、「現代の社会生活への扉としての文章」と捉えられる。それらを簡単に図にしたものが以下の図1である。

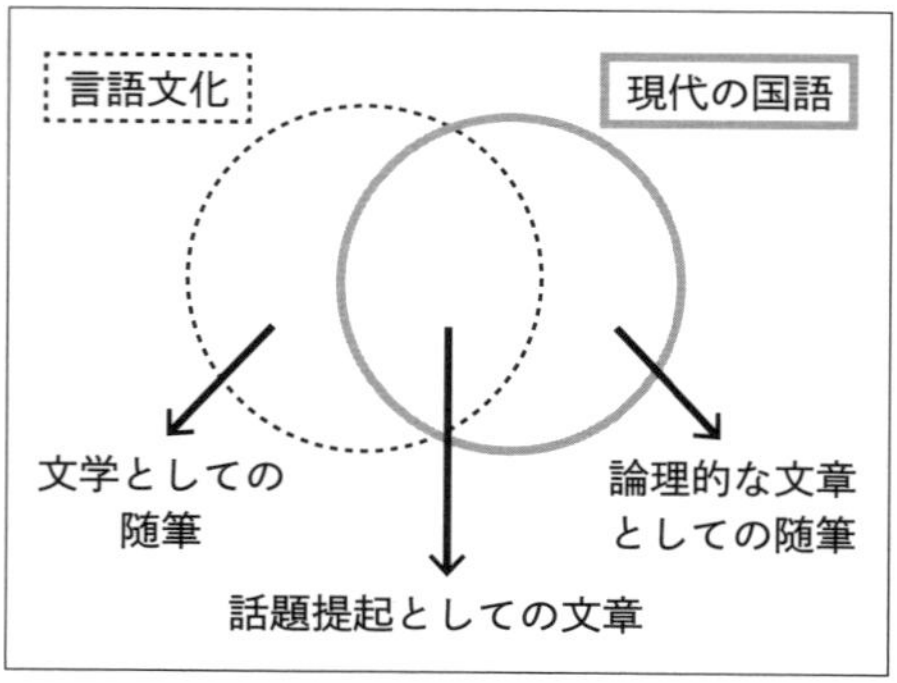

図1　「随筆」の学習材特性

この図で新たに書き換えているのは両科目での扱いにおける共通項に対する部分である。「言語文化」では「伝統、文化」、「現代の国語」では「現代社会」への話題に通じる学習材として随筆は位置づいており、それらをまとめると、「話題提起としての文章」という学習材特性が見出される。

3－2　「随筆」の学習材特性を踏まえた各新科目における「読むこと」での扱い

本項では、「随筆」の学習材特性を生かした「現代の国語」、「言語文化」における実践について考えるために、前項で捉えた「随筆」の学習材特性ごとの読むことの指導目標について確認していく。

まず、両科目に共通する「話題提起としての文章」という点の目標について確認していく。この学習材特性を指導に生かす場合、話題を捉えることが重要になる。つまり、必然的に「読むこと」においては、その内容を的確に捉えることが重視される指導になると考えられ、両科目の指導事項に重ねると、両者の「読むことア」の「構造と内容の把握」の部分にあたることになる。

現代の国語	言語文化
ア　文章の種類を踏まえて、内容や構成、論理の展開などについて叙述を基に的確に捉え、要旨や要点を把握すること。	ア　文章の種類を踏まえて、内容や構成、展開などについて叙述を基に的確に捉えること。

「現代の国語」、「言語文化」どちらにも共通する特性である「話題提起としての文章」という部分に焦点を当てる場合、両科目どちらでもほぼ共通して目指される「構造と内容の把握」という部分が目標になってくると考えられる。

次に、「文学としての随筆」について考えていく。先に挙げた、「随筆」における先行論の記述を確認すると、「随筆」を「文学」として捉える立場では、その目標としてものの見方、感じ方、考え方を読み取ることを位置づけていた。言語文化における指導事項では、「精査・解釈」、「考えの形成・共有」の部分で以下のような記述が見られる。もちろん、「随筆」独自の表現の特色や作品背景、他作品との関わりから、随筆作品を読むことも目標として位置づいてくると考えられるが、先の先行論の言及からも、「文学としての随筆」の学習材特性に着目したときに、「ものの見方、感じ方、考え方」に関する「イ」、「オ」の内容はとりわけ重視したい。

精査・解釈	イ　作品や文章に表れているものの見方、感じ方、考え方を捉え、内容を解釈すること。 ウ　文章の構成や展開、表現の仕方、表現の特色について評価すること。 エ　作品や文章の成立した背景や他の作品などとの関係を踏まえ、内容の解釈を深めること。
考えの形成・共有	オ　作品の内容や解釈を踏まえ、自分のものの見方、感じ方、考え方を深め、我が国の言語文化について自分の考えをもつこと。

最後に、「論理的な文章としての随筆」についてであるが、先に挙げた、「構造と内容の把握」内にある、「論理の展開（中略）について的確に捉え、要旨や要点を把握すること」が最初の段階の目標となるであろう。そのうえで、「精査・解釈」の内容が関わってくると考えられる。

精査・解釈	イ　目的に応じて、文章や図表などに含まれている情報を相互に関係付けながら、内容や書き手の意図を解釈したり、文章の構成や論理の展開などについて評価したりするとともに、自分の考えを深めること。

本節で確認した内容を整理すると、「随筆」に関する指導は次のようになる。なお、本論では、次節以降で「論理的な文章としての随筆」に注目していく。先行論、指導書を概観すると、「話題提起する文章としての随筆」、「文学としての随筆」における実践が多く見られる一方で、その論理性について注目した実践はあまり見られないからである。

両科目における「（話題提起する文章としての）随筆」の扱いの方向性

↓内容や構成を捉える。

言語文化における「（文学としての）随筆」の扱いの方向性

↓「ものの見方、感じ方、考え方」を捉え、深める。

現代の国語における「（論理的な文章としての）随筆」の扱いの方向性

↓文章における「論理」を捉え、評価する。

4 「随筆」の論理性に着目した実践――「こそそめスープ」を題材として

4-1 「随筆」に見られる論理性

実践を提案するにあたって、「随筆」の論理性について考えていく。

先に述べたように随筆は自由な形態であり、定義が曖昧なものである。しかし、随筆文に共通していえることは、筆者の述べたいことが自由に書かれていること、そして、それらが筆者の体験を起点としていることだろう。本論では、随筆を簡易的に「体験＋感じたこと、考えたこと、主張」という構成で捉えることにする。

それでは、「随筆」を以上のように捉えるとどのような論理性が見えてくるだろうか。難波博孝・三原市立木原小学校（２００６）では、論理の一つの定義として「理由と主張のつながり」が挙げられている。さらに、「理由―主張」の適切さを決めるものとして以下が取り上げられている。

- **理由の量**
- **理由のカテゴリー**　①自分の体験　②他の人の体験　③現在の事実　④過去の事実　⑤本やインターネットなどの二次資料
- **理由の質**　個人的↓一般的↓独自的

これらの中の特に、「理由のカテゴリー」と類似する記述が平成30年学習指導要領解説国語編内にも見られる。「現代の国語」のB書くことウの解説では、「根拠の示し方には、（中略）自分の実体験（一次情報）に基づくか、聞き書きなど他者の体験の引用（二次情報）によるか、新聞等で得られた情報（三次情報）を利用するかといった情報の種類に関わること（中略）が含まれている」と述べられている。それらを「理由の質」と組み合わせて整理したのが以下の図2である。

注目したい部分は、下から上に行くにあたって、情報自体の一般性が上がっていくことである。「自分の体験（一次情報）」は、理由になり得るが、個人的なものである。そのため、理由の質を上げるためにはその情報をより一般化することが望まれる。

以上の点を踏まえると、「随筆」における論理性の特質として挙げられることは一次情報を理由としている点にあると考えられる。そして、それを契機に、一次情報の理由を評価し、どのような理由がより適切さを持つのか考察することができるということも学習材特質として挙げられるだろう。

そこで、本論では、一次情報に着目した「随筆」の授業のねらいを以下のように整理する。

①根拠の一つとして、一次情報があることを知る。

「随筆」の構成を理解し、自らの体験が根拠になり得ることを理解する段階。

②理由としての一次情報の特質を知る。

先に挙げた「理由―主張」の適切さを決めるものにもあるように、理由のカテゴリーや質は多岐にわたる。その中でも一次情報は根拠としては主観的で脆弱なものであることを理解する段階。また、学習材に見られる一次情報をめぐる思考様式（「順序」、「対比」、「類比」、「分類」、「類推」、「帰納」、「演繹」、「因果」、「条件・限定」など）についても触れていきたい。

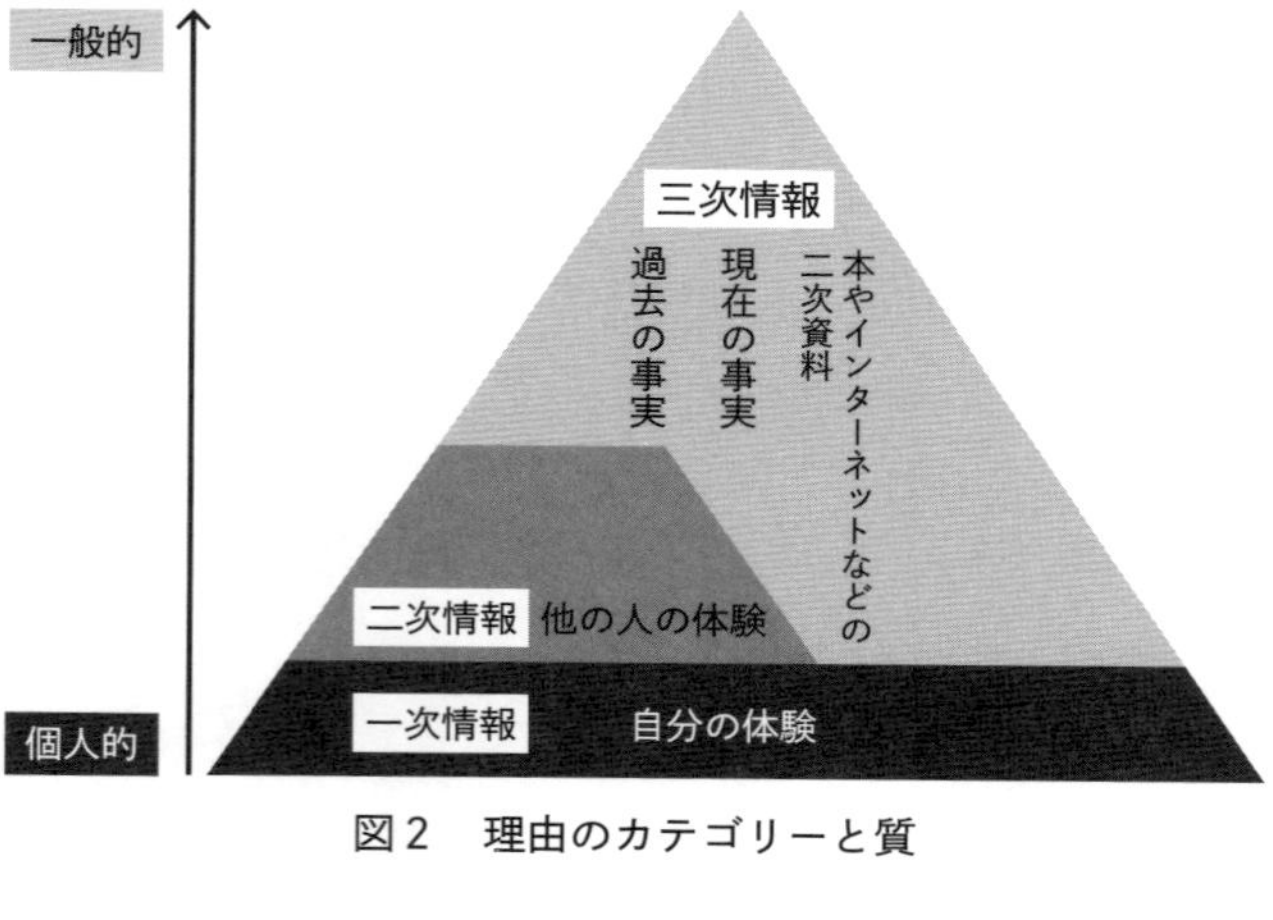

図２　理由のカテゴリーと質

③一次情報の特質を踏まえて、文章を評価する。

特に、「主張に対して納得できるか」ということを論理（理由）から考察させる段階。

4－2　実践について

〈学習材について〉

本実践では、主張を支える理由に明確に「体験」が位置づいているかどうかという点を踏まえて、「こそそめスープ」を扱うこととした。

この文章は、「自身の「コンソメスープ」に対する勘違い（体験）」と『人は皆、自分の作りあげた思い込みの世界で暮らしているところがあるのではないか。』という主張」からなる随筆である。ここから、一次情報を根拠として主張する論理が見える。大きい段落構成で見ると、「導入」、「体験」、「主張、まとめ」となっており、「主張」と「体験」とのつながりを第一に見ていきたい学習材である。

その他にも、一次情報に加え、「ある道を歩いている人たちの勘違い」を例に「同じ場所を歩いていても、脳が違う限り、私たちは違う光景の中にいるのだ。」というように主張を換言する記述が見られる。ここから、一次情報への付け足し、もしくは、個別具体の情報を一般化していく思考過程が見て取れる。この論理性についても取り上げたい。

〈実践概要〉

1　単 元 名　主張を支える根拠の示し方をもとに文章を評価しよう。

2　単元目標　文章の論理の展開を捉え、主張を支える根拠の示し方について評価する。

3　言語活動　主張を支える根拠の示し方をもとに文章を評価する。

4　単元の具体的な評価規準

知識・技能	読む力	主体的に学習に取り組む態度
主張と一次情報（根拠）、個別の情報と一般化された情報など、情報と情報との関係について理解している。	一次情報と主張を関連付けながら文章の論理の展開を評価している。	一次情報と主張を関連付けながら文章の論理の展開を評価しようとしている。

5　指導計画

①初読の感想、語句を確認する。なお、ここでは、「ある道を歩いている人の例」はカットした本文を渡しておく。

②文章の構成（「導入」、「体験」、「主張、まとめ」に沿って内容を理解する。その際、「随筆」の構成についても理解する。（穴埋めワークシートを活用する）

③主張を支える体験を再確認したうえで、「自身でもあった勘違い」（本文の根拠になり得る自らの一次情報を挙げさせ、本文の体験が誰もが理解できる共通性を持っていること（主張の適切さ）を理解する。その際、個別の根拠が一般化していく思考過程についても理解する。そのために、ここで、カットしていた「ある道を歩いている人の例」を取り上げ、本文でも他の具体を挙げながら、納得しやすいように一般化、換言を行っていることに気づかせる。

④③の内容を踏まえて、「人は皆、自分の作り上げた思い込みの世界で暮らしているところがあるのではないだろうか。」という主張に納得できるか、なぜ、そのように思えるのかといったことを本文の内容に触れながら記述する。

4－3　実践結果

〈①段階〉

初読の段階における「本文の主張に納得できるか」という問いに対する学習者（全6名）の反応は、納得できる（2名）、納得できない（2名）、そもそもどのような主張なのか理解できない（2名）といった結果であった。この結果から、まず、本文に基づいて主張を読み取ること、そしてそのうえで、納得できる、できないの理由を本文から考えられるようになることを見据えるようにした。

〈②段階〉

用意した文章構成図の穴埋めプリントを用いて、本文、特に、主張の内容やそれを支える体験について読み取った。この活動後に①段階同様、筆者の主張に納得できるかどうか問いたところ、納得できる（4名）と納得できない（2名）に分かれ、主張について理解できないと答えたものはいなかった。また、その理由について以下のような記述が見られた。

（納得できる派）

本文では、コンソメスープをコンソメスープとまちがえていた。自分もまちがえて覚えたことで友達と話したりしてたことがあった。

（納得できない派）

コンソメスープをコソソメスープとまちがえていたけど、それがどうして「自分の作り上げた思い込みの世界」につながるのかがわからないです。

以上のように、納得できる派、できない派どちらにおいても、主張を支える本文の個人的な体験に対する記述が見られた。文章構成図を用いた活動によって、筆者の主張やそれを支えている部分が本文の『コンソメスープ』に対する勘違い（体験）」であることなどの理解を図ることができたと言える。ただ、納得できない派の理由を見ると、主張とそれを支える個人的な体験の対応関係について納得できていない点が見られたので、その点について、「一般化」という観点からより考察していくことにした。

〈③段階〉

自身の勘違いの例を挙げながら、個別の情報を帰納的に一般化していく過程を学んだ。個人的な勘違いの例として、「マンガの登場人物の名前」、「人の名前と性別」、「漢字の形」などが挙げられた。それらの例の共感性に触れながら、それぞれ、共感できるものはもちろん、共感できないものも含め「思い込み」というものをしていること、それによって、他者との食い違いがあったことを全員で認識させたうえで、「みんな思い込みの世界で暮らしている」という主張に触れさせた。そして、この過程自体が、個別の体験が帰納的に一般化されることであるという理解を図った。そのうえで、もともと、カットしていた、「ある道を歩いている人の例」を取り上げ、その部分の効果を考えさせた。すると、以下のような記述が見られた。

ア　この部分があることで最後の伝えたいことがわかりやすくなる。

イ　一人一人違う世界を持っているということを具体的に書いて三段落の文章が理解しやすいように書かれている。

ウ　コンソメスープ以外の具体を挙げることによって一般化され、みんな思い込みの世界で暮らしているという文の根拠を強めている。

まず、アの生徒の記述に関しては、どのようにわかりやすくなるのかという記述が見られないため、理解が図れているか不明瞭であった。次に、イの生徒については「具体」という言葉を使用しながら、それが主張を強めるということを記述している。この記述から個別の体験だけでは根拠として乏しいこと、それを補うために、他の具体を用いることが効果的であることを理解していることがわかる。潜在的に「個別的体験」を「一般化」する必要があるという理解が図られていると考えられる。最後に、ウの生徒の記述であるが、「具体」、「一般化」という言葉が使用されており、それらの思考過程についての理解の定着が明瞭に見られる。

この後、特に、ア、イの生徒の理解の深化を図るために、ア、イの記述とウの記述を比較させながら、「具体」「個別」「一般化」などの用語を用いて再度問いについて考えさせた。

〈④段階〉

①～③の段階で行ってきた活動の内容を踏まえたうえで、「筆者の主張に納得できるかどうか評価する」という言語活動に取り組ませた。具体的には、「本文の『人は皆、自分の作り上げた思い込みの世界で暮らしているところがあるのではないだろうか。』という考え方について納得できるかどうか理由とともに書け。」という問いを出した。目標に準じて、根拠について触れているかどうかが重要な部分である。以下が学習者全員の問いに対する回答である。

A　私はこの考え方について納得できます。この考え方を支えるものは筆者の体験した、「コンソメスープ」のことを「こそそめ」スープと思い込んでいたことです。なぜ、私がこの意見に納得できるかというと、この考え方を支える「思い込み」というものに自分も経験があり、思い込みというのは自分の中では当たり前だけれども、人それぞれ違うものであるため、「思い込みの世界で暮らしている」というのに、とても共感したからです。

B　私はこの考え方について納得できます。この考え方を支えるものは筆者が20年近く「コンソメ」を「コソソメ」と間違えていたという体験である。なぜ、私がこの意見に納得できるかというと、この考え方を支える筆者の20年近くの「コンソメ」を「コソソメ」と勘違いしていたという出来事がぼくの体験「修」という漢字の書き間違えに似ていて共感できるためです。

C　私は、この考え方について納得できます。この考え方を支えるのは自分の作りあげた世界で暮らしていたという体験である。なぜ、私がこの意見に納得できるかというと、筆者はコンソメスープと間違えていたが、自分はマンガやアニメキャラの名前を違ったように覚えてしまい他人とはちがうよび方をしていたことがあったからである。なので、筆者と同じような体験をしているため、筆者の考え方に納得できた。

D　私はこの考え方に納得できます。この考え方を支えているものは二段落の、筆者のファミレスでのアルバイトの体験と三段落目の具体例である。私は、二段落の筆者の体験では、あまり納得できなかったが、三段落で上げられた、「ある道を〜歩いている」や「今同じ〜中にいるのだ」という具体例が、自分を納得させる決め手となった。

E　私はこの考え方に納得できます。なぜ納得できたかというと、二段目の筆者の体験の文や具体例の文が自分の体験と重ね合って一般化されたからです。

F　私はこの考え方について納得できません。この考え方を支えるものは、本人が体験した「こんそめ」を「こそそめ」と思いこんでいたということです。ですが、私はなぜその思い込みで、みんなと生きる現実が変わるのかがわからないので納得できません。たとえ思いこんでしまっていても現実はすべて一緒だと思うからです。

ＡからＦは全て、筆者の主張を支えているものが、個人的な体験であるということに言及しており、目標である、個人的な体験が根拠となっていることに触れながら主張を評価するという点を概ね達成できたと言える。

A～Cの記述は、それぞれ、筆者の「コソソメスープ」に関する体験の共感性について触れたものである。個別的な体験であるが、自らの個別の体験と照らし合わせながら、その根拠の有効性について言及している点で、③段階における、個別の体験を比較した過程を踏まえていると考えられる。ただし、本文の他の「具体」に関する記述や「一般化」に関する記述は見られず、それらの学びを明瞭に見ることができなかった。

Dの記述を行った学習者は、学習過程において、「筆者の主張に納得できない」と答えていた。しかし、③段階における学びから、個別的な体験に加え、具体を出すことによってそれらの体験を「一般化」しているという筆者の根拠の示し方の工夫について理解し、「納得できる」という意見に変えている。この記述では「一般化」という言葉はないものの、③の段階の学びを明瞭に見ることができるものである。

Eの記述については、唯一、「一般化」という用語が見られた。筆者の個人的な体験や他の具体例と自分の個別の体験を結び付けながら、それらを自分の中で「一般化」することができたという内容である。この記述については、筆者の根拠の示し方を評価するという点での記述の仕方に不足する部分があるが、学習内容が踏まえられたものとなっている。

Fの記述は、唯一、「納得できなかった」と答えたものである。筆者の主張の根拠となる、個別的な体験について言及し、それと主張のつながりについて言及したものとなっている。ただ、記述を見るとわかるように、「世界」と「現実」という言葉を混同し、筆者の主張自体を捉え間違えているようにも思われる。この生徒は、学習前から、筆者の主張に納得がいかないという立場を取り、終始、主張に対して難色を示していた。主張内の「世界」という言葉は、文章内で度々使用されており、人それぞれの脳が持っている情報で作り上げたものと捉えられる。一方、「現実」という言葉も本文で何度か用いられている。本文前半において、「私は『現実』を改ざんしてまで、ずっとそれを信じ続けていた。」とある。ここでは、「現実」は起こった事実を示す言葉として使用されている。しかし、文章後半の「ある道を歩いている2人の例」について取り上げられている部分では、「たとえ現実にはその道は2年前に工事されて渋谷方面につながるようになっていたとしても、2人は違う現実の中を歩いている。」という文脈で用いられている。この部分の最初の「現実」は先ほどの文脈と同じように使用されている。対して、後半の「違う現実」はむしろ「異世界」を換言したものと捉えられる。そう考えるのであれば、このFの意見が理解できてくる。Fの記述は「筆者の主張における『世界』という文言が何を指すのか曖昧であり、その中に『現実』という意味が入るのであれば、納得いかないし、筆者の個人的体験、具体例からはそれらを明確に読み取ることができない」という意見と解釈することもできるのである。ただ、このFの記述では、そのようなことが明示されているわけではないのでそのような思考の推測までしかできない。しかし、この記述は、「主張」と「体験」の結びつき、根拠の示し方を文章内の文言から評価するという視点をもっている、示唆のあるものであった。

根拠の捉え方や記述の深さにばらつきはあるが、6名の記述を見ると、「主張」の「根拠」として個別の体験が位置づくこと、そして、その良し悪しによって主張を評価できることを学ぶことができたと捉えられる。

5 今後の課題

本論では、随筆について学習材特性に合わせて「話題提起の文章としての随筆」、「文学としての随筆」、「論理的な文章としての随筆」の三つに分けることができることを提示した後、「現代の国語」における、「論理的な文章としての随筆」を用いた実践の提案を行った。学習者の様子を見ると、「一次情報」を根拠とする「随筆」の特性に触れながら、本文を評価するという目標を達成することができたと言える。ただ、今回の実践は、文章の論理性に触れるうえでの導入にあたる部分であった。論者は、発展として「随筆」独自の「論理性」に触れることはできないかと考えている。今まで述べてきたように、「随筆」は「一次情報」を根拠とするものが多いが、それで納得を促すことができるというのはその根拠の示し方や内容に工夫があるということである。それは、難波・三原市立木原小学校（２００６）が述べる「理由の質」の「独自的」に通じる部分であるだろう。そのような点で、今後も「随筆」独自の「論理性」について考察していく必要があると考えられる。

【参考文献】

・太田勝司（２００１）「１２６　随筆・随想」『国語科　重要用語３００の基礎知識』明治図書、１３８〜１３９頁。
・大村勅夫（２０１６）「随想を読むことの単元の考察―ものの見方・感じ方・考え方を豊かにする指導―」『国語論集』１４１〜１４８頁。
・佐藤洋一・有田弘樹（２０１４）「随筆教材のテキスト形式を生かす『習得・活用』『批評』―『自立・協働・創造』につながる授業の開発―」『愛知教育大学研究報告　教育科学編』１６３〜１７１頁。
・難波博孝・三原市立木原小学校（２００６）『楽しく論理力が育つ国語科授業づくり』明治図書出版。
・新村出編（２０１８）『広辞苑　第七版』、岩波書店。
・藤原和好（２０１８）「43　随筆・随想」『国語教育指導用語辞典』教育出版、96〜97頁。
・松本修（２０１５）「１１８　随筆・随想」『国語科重要用語事典』明治図書、１３２頁。
・文部科学省（２０１８）『高等学校学習指導要領解説　国語編』。

8 伝統的な「古典分野」の授業①

古典作品の対話的で深い読みの楽しみ
―班での小さな活動をしつつ読む伊勢物語「芥川」の授業―

佐々木 秀穂（札幌静修高等学校）

1 「言語文化」の中での「読むこと」領域、「古典」分野について・単元の背景

現行学習指導要領では、「古典」分野は「言語文化」「古典探究」で主に扱い、そのうち基礎的な事項や入門的な作品は「言語文化」（2単位）で扱う。「言語文化」の中で、各領域にかける時数は、2単位、標準70時間で考えたとき、「書くこと」に5～10時間程度、「読むこと」の「古典に関する指導」に40～45時間程度、「読むこと」の「近代以降の文章の指導」に20時間程度と、時数の内訳も定められている。

今回の学習指導要領は国語教育の思想自体を大きく変えたものであり、「実用」や「表現」のウェイトをかなり上げてきたものであったが、教科書や現場の対応は全体的には保守的であり、古典の授業における現場での変化は今後徐々に起こっていくことになるだろう。

いにしえの日本人が書き残した言葉を読み解くことで、「言葉」が時空を超えて古代人と現代の我々をつなぐことを感じることができ、長い時の流れに負けず魅力を輝かせる人物や、時代が変わっても変わらず共感できる

人の心などに触れたりすることができる。時を超える古典の魅力に遊ぶことによって、読書の楽しさや、自己の向上のための思索に誘われることができるだろう。また、自国の中で延々と引き継がれてきた古典作品や人のあり方を理解することを通して、日本の言語文化の担い手としての自覚も育つだろう。

古典作品は、現代人にとってはある意味で「異なる世界」＝他者である。同じ日本語を使うといっても、人生観も、使う単語も、文法のその他も違う他者としての古典の登場人物に粘り強くアプローチし、理解しようとすることで、他者や社会に関わろうとする姿勢も育てることができるだろう。

2　伊勢物語「芥川」の学習材観

(1)ドラマティックなストーリーの魅力

『伊勢物語』第6段、「芥川」は、多くの「言語文化」の教科書に採録されている定番の古文学習材である。そのあらすじは以下の通りである。

「昔、男がいた。得られそうもない女に長年求婚し続け、ある晩、とうとう女を盗み出して逃げた。途中雷雨に遭遇し、荒れ果てた蔵に入ったが、女はそこに潜んでいた鬼に一口で喰われてしまう。戸口にいて女が喰われたことに気づかなかった男は、朝になって女が消えていることに嘆き、歌を詠んだ。」

教科書によって、採録部分に差がある。右記のところで終わっているものと、以下の部分を加えているものの2種である。追加部分のあらすじをあげておく。

「この話は、藤原高子がまだ天皇の后になる前で、従姉妹の女御のもとに勤めていた頃、男が盗み出したのを高子の兄二人が取り戻したことがあった。それを鬼のしわざと言ったものである。」

後半がいかにも取ってつけたようになっているので、後日追加されたものだとする説が有力である。一方で、伊勢物語の他の段に超自然の怪異がほとんど登場しない話ばかりであることから、この段もファンタジーとしてではなく、人事として読むべきだとする考え方もある。

音読で3分もかからない短い話の中に、ドラマティックな男女の逃避行と運命的な別れ（死別にせよ引き裂かれにせよ）が描かれ、男の嘆きの歌が詠まれる。掌編小説の手本のような展開である。

高校生にとっても、かなう見込みのない恋愛、それでも2人で逃げ出す夜の逃避行、急転する天候、雷鳴、驟雨。そして一瞬の絶命と、短い中でジェットコースターのような息もつかせぬ展開は、十分に魅力的であろう。

(2)歌物語としての魅力

「芥川」の学習材の魅力として欠かせない視点は「歌物語」という形式である。特に後半部分をカットした場合には、男の詠む歌で物語が終わり、すべてはその歌に収斂していく構成になっている。

ドラマティックな物語の最後に詠まれた男の歌は、女を失ったことを直接嘆くのではなく、逃避行の途中で女が草の上の夜露を見て「白玉（真珠）ですか?何ですか?」と男に訪ねたときに、自分が答えなかったことを悔いている歌である。

どうして男は、鬼に喰われたことでも、女と出会って愛してしまったことでも、女を盗み出して逃避行に連れ出したことでもなく、ささいな「女の問いに答えなかったこと」を悔い、そして歌に詠んだのだろうか。必然的に浮かび上がるこの問いを追究して行くと、この物語が長く愛されてきたもう一つの魅力が見えてくる。

(3)作品の「悲劇的構造」の持つ魅力

また、ストーリーの進行を理解したり、現代語訳を作ったりしただけではわからない魅力にも気づかせたい。男が女を失ったのは、鬼のいる蔵に女を入れてしまい、しかも蔵の中で女と共にいないで戸口の外にいたからであるが、物語を丁寧に読めば、これらが不可避だったことがわかる。

男が女を「あばらなる蔵」に入れたのは、夜が更けてきて雨が降り、雷も鳴ってきたからである。しかも、夜露が下りる季節であるから、ずぶ濡れのまま外で逃避行を続けるわけにはいかなかった。入らざるを得なかったのだ。また、蔵に女を入れた後、追手が来るかもしれないし、野生動物が襲ってくるかもしれない。外からの襲来に備えて男は戸口に武装して立って女を守っていなければならなかった。では、そもそも雷雨になるような天候の悪い日に逃避行をしたのがまずかったのか。月の明るい夜は追ってから姿が見られやすい。「いと暗きに来けり」というのは、仕方なかったのだ。つまり、この段のストーリーは、天候や状況などから選択の余地なく鬼が女を喰うクライマックスへと追い込まれていくような構造を持っている。

これを「悲劇的構造」と呼んでもよい。悲劇とは、「人は運命に抗うことができるか」という問題をベースに成り立っているものだ。「芥川」が非常に短い中にも緊迫感と臨場感を持ってストーリーを完結できたのは、この悲劇的構造に則っているからである。

(4)人生における後悔の苦さ、重み

そう読むと、最後の歌で男が鬼に喰われたシーンでなく、会話のシーンを取り上げた意味も分かってくる。逃避行を始めてから、鬼に喰われるまでの物語の進行は悲劇的構造によって不可避的に進んでいく。それは「運命」的であって抗えない。しかし、途中女が「あれは何かしら?」と男に尋ねた時に、「あれは夜露だよ」と答えることはできたはずだった。女は、真珠は知っているが夜露は知らないという、まさに深窓の令嬢である。その女が暗い夜に、お供も連れずに男に連れ出されて不安でないわけがない。また暗闇に恐怖しないわけがない。しかし、女はそうした不安や恐怖を男に訴えずに、「あれは何ですか?」ときいた。それは女の、男を信頼して、男が連れ去るままについて行こうとする気持ちの、精一杯の愛情表現だった。だが、男は、これからの行き先を心配して夜露どころではなく、その精一杯の問いに答えなかった。それは運命ではない。男の愛情の薄さ、弱さで

ある。

悲劇的構造によって否応なく押し流される物語の中で、唯一、男の意志で女の愛情に応えることのできる機会だった。それなのに、男はその機会をさほど重要だと思わず、永遠に逃してしまった。男はその自分の愛情の足りなさを悔いているのである。だからこそ、「消えなましものを」という反実仮想の表現が使われ、その余韻は消えない悲しみ、苦さとして、重く読者の心に残るのである。

(5)想像して映像化する読み＝「Cinematic Reading」(シネマティック・リーディング)に応える優れた描写性

『伊勢物語』「芥川」は、古文に読み慣れていなくてもわかりやすいストーリー、生徒たちが想像し、文章世界を映像化しやすい表現、反実仮想の助動詞の意味を押さえたときに明らかになる歌に込められた心情など、古典に親しみ、古典を読むリテラシーを育てる学習材として、魅力に富むものだ。さらに加えると、この作品の簡潔な文章は、場面を映像化して楽しむ読み方に非常に適している。

この物語はほぼすべての場面を想像して映像化できるが、特にしてみたいのは2人で逃避行している場面である。「いと暗き」に来たわけだから、月も出ていない夜だろう。貴族の男女だから、お忍びでも数人の従者は付けているのが現実的だが、物語的には2人きりで逃げていた方が面白い。灯りは持っていただろうか。暗い中、見つからないように灯りもともさずに逃げていたとするなら、どうして草の上の露を女は見つけたのか、しかも「白玉か」と見紛うくらいだから、白く光っていたと考えられる。もしかしたら、一瞬光った稲光に周囲の草の露がパッと光ったのか。……そうでない確率の方が高いと考えられるが、例えばそうした映像化を受け入れる余地が非常に広い文章である。そのため、想像し、頭の中で映像化し、まるで映画を見るように古典作品を読み味わう、そういう読み方(それを私は2019年頃からCinematic Reading―シネマティック・リーディングと呼んでいる)と親和性の高い学習材だと言える。天候の変化、街中から郊外への景色の変化、夜の雷雨、夜明け、雨もやみ、朝日が差してくる中での男の嘆き、その時の朝焼けの空の色など、豊かな読みを誘うすぐれた学習材である。

3　指導計画　学習活動案

(1)伊勢物語の単元展開例

単元としては、『伊勢物語』―歌が握る恋愛と人生の行方―」として、伊勢物語から「筒井筒」、「芥川」、「東下り」、「梓弓」を学習材として取り上げた。伊勢物語の中に見られる、人生の中での恋愛や失恋、旅、恋情などを、時代を超えたファンタジーとして楽しみ、同時に、時代背景も学びながら、人間のあり方を考えるひとつのきっかけとしてほしいという願いを込めて、展開することにした。

主な構成は以下の通りである。

1　「筒井筒」1　初恋の成就と歌のやり取りの関係
　「筒井筒」2　夫婦のピンチと歌の力
　「筒井筒」3　河内の女の負けたわけ――伊勢物語のジェンダーバイアス――
2　「芥　川」　運命と愛と後悔――歌に込められた愛の悔い――（本時）
3　「東下り」1　旅と歌――和歌の修辞と旅情の正体――
　「東下り」2　残してきた思いと旅の果て――異国情緒と未練と旅情――
4　「梓　弓」　三角関係の終焉――思いを込めた歌の行方――

（2）「Cinematic Reading」（シネマティック・リーディング）のあり方

さて、本稿で扱うのは右の単元の2「芥川」である。「芥川」の授業においては、伝統的な読解授業の形式をベースに、班毎の話し合いや協同的学習を加えつつ授業を進行する。その際の「よみ」のあり方として重視するのが、「Cinematic Reading」（シネマティック・リーディング）である。

といっても、単純に「本文の叙述から場面を映像化するように想像しつつ読む」という、ごく普通の読み方に過ぎないのだが、古文の読解授業において、この「想像しながら読む」ことがあまり重視されていなかったきらいがあるように思う。そこで、授業の中の発問と読む順番を工夫して、本文の叙述から場面を映像化していくことで読みが深まり、本文や歌の世界により迫って行けるような授業展開をめざしたい。

全体として物語のあらすじを捉え、その結末にどうして陥って行ったのかを遡るように、本文を詳しく読んでいく。その世界観を辿る中で、必然的に本文の世界を映像化してイメージできるように授業展開を工夫してみた。具体的には、男と女の逃避行が行われた夜の天候（月、星も出ていない闇からやがて雷雨）、季節（夜露から秋）、場所（都から芥川のほとりを郊外に出る）、蔵の様子、雷雨の後の朝日の風景など、場面要素を発問にしていく中で、映画のシーンのように古典世界を浮き立たせることを狙う。

（3）一斉授業と班での協同学習の混合スタイルで

本実践では、旧来の発問と板書による一斉授業形態と、班での話し合いとを混ぜる形で授業を行った。班学習の場合、どこまで生徒主体で行い、どこまで教師が「教える」授業とするかが常に問われるところだが、今のところ、特に狙いを定めて生徒自身に計画させ、探究的学習をさせる単元展開の時以外は、伝統的な授業形態の中で話し合いを部分的に取り入れる形式で授業を行っている。

4 学習指導の実際

1 開幕：今日の題目と文学史の復習

全員 起立、礼、お願いします。

T はい。今日も古典の勉強をしていきましょう。今日は、前回までの「筒井筒」に続いて、伊勢物語の「芥川」をやります。では、まず、復習から。伊勢物語の文学史的意義を確認しておきましょう。各班でお願いします。

班 文学史確認：ノート、教科書、便覧等で。（1分程度）

T では、Aさん、お願いします。

A はい、平安時代初期に書かれた、現存最古の「歌物語」です。在原業平をモデルとした一代記風の構成で、各段に歌があり、それがストーリーの中心になっている、そういう物語集です。

T はい、ありがとう。

2 本文音読①　教師の範読

T では、さっそく本文を音読していきましょう。まず、私が読みます。どんな話でしょうか。まずは聞いてください。余裕があったら本文の読み方にも注意しましょう。（教師　範読）

3 本文音読②（斉読）

T はい、どんな話か、想像つきましたか？　では、今度はみんなで揃えて読んでみましょう。

全員 斉読（ゆっくりめに、教師の読みに合わせる感じで読む。）

T いいですね！　ストーリー、分かってきましたか？　では、ここで読みがわからないところがあったら班で確認してください。私に質問してもいいです。どうぞ。

班　確認（1分程度）

4　**本文音読③**　（指名読み）

T　では、話の内容に入っていきましょう。もう一回読みますね、皆さんは「登場人物」と「あらすじ」を押さえてください。ここは、一人の人に音読してもらいましょう。Bさん、お願いします。

B　（音読）

T　はい、ありがとうございました。正確に、かつ、中身がわかりやすいような読みでしたね。歌もよかった。

5　**物語の概略の把握①　登場人物**

T　登場人物、そしてだいたいのお話、わかりましたか？　班で確認です。

班　話し合い（1分半程度）

T　では、登場人物から聞いていきましょう。Cさん。

C　「男」と、「女」です。

T　はい。伊勢物語と言えば、男と女。もちろん、それ以外の話もありますが、恋愛の話が多いですね。男と女とくれば、この話も恋愛話っぽいですね。あ、みんな頷いているね。さて、登場人物、これだけでいいですか？

C　人物じゃないですけど、「鬼」です。

T　はい。鬼が出てきますね。文学作品の読解では、人間以外のキャラクターも「登場人物」として扱います。『吾輩は猫である』の猫とか、『ごんぎつね』の「ごん」とか。だから鬼も人物として扱いますね。

はい、鬼はこの話の中で何をしましたか？　Dさん。

D　蔵の中にいて、女を一口で食べました。

T　おお、蔵の中にいたことまで！　そう、女は鬼に食べられてしまいましたね。

6　物語の概略の把握②　あらすじ

T　では、この話の中心でもある歌について。歌物語は歌と地の文が同じくらい重要なんでした。この最後の歌は、誰の歌ですか？　Eさん。

E　男です。

T　はい、男の歌ですね。鬼が女を喰って、最後に男の歌があると。では、あらすじをおおまかにまとめてみてください。ここは班でいきましょう。確認してください。

班　確認（2分程度）

T　はい、では聞いてみましょう。Fさん、あらすじをだいたい言ってみてください。

F　はい。昔、男がいて、ずっと求愛していた女を盗み出して、暗い夜に芥川ってところへ行って、あばらな蔵に女を入れたら、女が鬼に喰われてしまって、朝、男は悲しんで歌を詠みました。

T　すばらしい！　男が女を連れだして、二人で逃避行の途中、寄ったあばらな蔵――「あばら」っていうのは、壊れかけたとか、すきまがあるとかいう意味ですね。で、女は鬼に喰われてしまった。朝になり、女がいなくなったことに気づいて悲しんだ男は、歌を詠んだ。悲しい悲恋ですね。

7　歌の解釈①　現代語訳

T　では、話の概略がわかったところで、作品の中心、歌の解釈にいきましょう。早速ですが、歌全体の現代語訳にチャレンジしてみましょう。「文法のテキスト」で歌の最後にある「まし」と「ものを」も調べながらやりましょう。もちろん、他のわからないところも調べながらやってね。ではまず、もう一回読みましょう。歌をみんなで音読します。

全員 歌　斉読

T では現代語訳にチャレンジです。どうぞ。

班 現代語訳にチャレンジ（約４分）調べ、話し合い、まとめる学習となる。

T では、聞いてみましょう。Ｇさん。

G 「真珠ですか？　あれは何ですか？」とあの人が私に尋ねた時、「あれは草の露ですよ」と答えて、私も消えてしまったらよかったのに…」

T おお！　よくできましたね。「消えなましものを」を「消えてしまったらよかったのに」と訳したのがいいですね。ここ、はどうしてそういう訳になるのですか？

G 「まし」が反実仮想の助動詞で、現実に起こったこととは違うことを言っているということで、「だったらよかったのに」という訳が載っていました。「ものを」は「逆接の接続助詞」で「のに」とか、「けれども」みたいな訳でした。

T すばらしい。よく調べていますね。この反実仮想の助動詞については改めてやりましょう。それにしても、他にも難しい所もあったと思いますが、訳が完璧ですね、どうしてわかりました？

G 文法テキストの「まし」の例文に載ってました…。

T あら！　見つけちゃいました？　そう、有名な文章や歌は、辞書や文法テキスト、単語帳なんかの例文にそのまま載っていることも多いんですよ。

8　物語の構造①　男と女の身分差

T さて、そうすると、この話は、男がずっと求愛してきた女を盗んで逃避行したものの、女は鬼に喰われてしまい、男は悲しみの歌を詠んだ…と、こういう話ですね。大体わかった。でも、まだまだ謎はあります。そもそも、この男と女はどうして夜中に2人だけの逃避行をしたのでしょう？　はい、班で確認してください。

班　話し合う。（1分程度）

T　では聞いてみましょう。Hさん。

H　「女のえ得まじかりける」が、「女で、とても得られそうにない」ということで、得られそうにない女だから、身分違いとかで、結婚を許されないような関係だった。

T　なるほど。他の班の人にも聞いてみましょう。Iさん。

I　同じで、「年を経てよばひわたりける」とあるから、何年も付き合っていたけど、結婚は許されなかったから、もう逃げるしかないと思って、それで「盗み出でて」とあるから、女の家からさらって、2人で逃げようとした。

T　いいですね。平安時代の貴族の求婚は、付き合ってからというよりも、まず手紙でずっと求婚し続けて、それからやっと逢いに行く…というもので、現代の恋愛とはかなり違うんだけど、でも相手の女性と身分違いで結婚が許されない関係…というのはまちがいなさそうだね。女の身分が高いということは、他の部分からも推測できますよね、どこからでしょう。Jさん。

J　すみません、時間くれますか？

T　はい。では、女の身分が推測できるところ、各班でもう少し探してください。

班　話し合い（1分程度）

T　いいですか？　はい、ではJさん。

J　え〜、「草の上に置きたりける露を、かれは何ぞと男に問ひける」とあるから、夜露を見たことがない。

T　うん、そこですね。そこから分かることは？

J　親から大事にされすぎて、家から出たことがない、そんなことをするのは貴族くらいだから、身分が高いんじゃないかと…。

T　なるほど。平安時代の貴族の暮らしについては前にやりましたね。歌の中では「白玉」がでてきますが、白玉はたぶん真珠でしょう。白玉は知っているのに草の露は知らない。そういう深窓の令嬢だったんですね。

9

物語の構造②　蔵の中に追いつめられる運命

T　そうやって盗み出して、幸せにするはずだった女が、鬼に喰われた。鬼は蔵にいたんでしたね。ん？どうして、鬼に喰われることになったのか？　読みこんでみましょう。

全員　本文音読④　斉読

T　では、班で、「女はどうして鬼に喰われてしまったのか」。やってください。

班　（3分程度）

T　では聞いてみましょう。Kさん。

K　男が女を鬼のいる蔵の中に入れて、自分は外で守っていたから。

T　はい。でも、どうして外に？　男は中にいて、肩を抱いているべきだったんじゃないですか？

K　「弓、やなぐひを負ひで戸口にをり」とあるから、女を取り戻しに来る人たちとか、盗賊とかを警戒していた。

T　なるほど、野生動物も警戒していたかもしれないね。しかし、ああ、怪異は外からくると思いこんでいたが、鬼は中にいたというわけですね。でも、そもそもこの蔵、絶対入っちゃだめでしょう。荒れた荒野に荒れた蔵。森の中にお菓子の家。車がエンストしたら、遠くに民家の灯り。全部ヤバい奴ですよね。なんで、男は女をこの蔵に入れてしまったのですか？　Lさん。

L　雨が降ってきて、雷も鳴ってきたから。

T　そのまま雨を突っ切って逃げ続けるのはだめ?

L　女の体力が持たない。

T　なるほど。深窓の令嬢だし。雷雨の中、長時間はどだい無理か。

L　寒いし。

T　ん? 寒いってどうしてわかった? あ、Mさん、頷いてるね、どうしてわかった?

M　夜露ができてる頃だから、秋かなって。夏じゃない。

T　なるほど。するともう寒い季節、夜の雷雨、どうしても男は女を蔵に入れて雨宿りせざるを得なかったと。でも、晴れた晩ならよかったのに…って言っても、明るい夜はだめか。全部、裏目に出てしまっていますね。

10　悲劇性のまとめ

T　男は長年思い続けた女をやっと盗み出して、安全なところへ逃げるのに精いっぱいだった。必死だった、でもそれが、裏目に出て女を死に追いやってしまった。いっそ、出会わない方がよかった? 盗み出さなければよかった? 恋しなければよかった?

11　男の歌と主題性

T　あれ? 変じゃない? みなさんなら、こんな恋の終わりに歌を詠むなら、どんな歌になります? 僕なら、恋しなきゃよかったとか、全部裏目だ、くそう、とか、守り切れなかったごめんよとか、でしょうか。この歌、なんで、こんな、どうでもいいシーンを悔いているんですか? もう一回歌読んでみましょう。

全員　歌　斉読

T　はい。この話で男が悔いるべきシーンは他に山ほどあるのでは？　どうして男はこの歌で、この会話のシーンを取り上げたのでしょう。はい、班で話し合ってください。

12

班　話し合い（5分程度）

T　ではよろしいでしょうか。各班聞いていきましょう。まず、Nさんの班。

歌の解釈②　男はなぜこのシーンを選んだか

N　女が鬼に喰われた時に助けられなかったことが悲しいけれど、喰われる瞬間も雷で聞こえなかったりして、運が悪いっていうか、どうしようもなかったこともあるけど、女の問いかけに応えなかった。それがとても後悔されるから。

T　なるほど。Oさんの班は？

O　この話の中でそこだけが唯一女から行動しているところで、それ以外は男のいいなりというか、連れてこられただけだけど、女の意志で訊いてきたのに、それを無視してしまったことがつらいというか。

T　男はどうして答えなかったんだっけ？

O　「行くさき多く、夜も更けにければ」とあるから、早く2人で安全なところへ逃げようと、そればかり考えていた。

T　男は、2人の先のことを考えていた。でも、今、女のたずねたことに応えなかったと。はい、次の班。

P　Nさんのところと〇さんのところと同じ意見でした。

T　追加とか、補充とかない？

P　ん～、ないです。

T　はい。ではQさんの班。

Q　だいたい同じなんですけど、うちらでは女がどうしてこんなことをきいたのかって話になって。

T はい。

Q 可能性が二つあるなって言って、一つは女がお嬢様で超天然だったからって感じで、もう一つは、何か話さないと怖かったんじゃないかって。

T あ、怖いか。もう少し聞かせてくれる？

Q お嬢様が初めて外に連れ出されて、暗いし、郊外だし、どこ行くかもわからなくて、怖いけど、怖いって言うのは、男に悪いから、光った夜露を、あれは何ですか？　ってきいたんじゃないかって。

T おおー。それはすごいな。なるほど、Rさんの班は？

R 班としてはOさんの班と同じ意見でした。で、今のことについて言っていいですか？

T どうぞ。

R 私もPさんと同じことを思って、女は怖かったけど、怖いって言わずに、男にあれは何って聞いて、会話しようとしてたって言うか、男もテンパってたから、なごませようとした意味もあったかもしれなくて。

T なるほど。その可能性はあるね。で、それを男が歌に詠んだのは？

R 女の言葉を思い出して、今更だけど、あれは自分に対しての、何て言うか、精一杯の愛情？信頼？の表現だったのに、自分はそれを無視してしまったっていうか、自分の女への思いやりというか、愛がそもそも足りてなかったってことが、女が鬼に喰われた今分かって、それですごく後悔しているんじゃないかと思います。

T なるほど……。……いいですね。他に、追加で何かある人は？

13 どうして夜露が見えたのか？

S 想像で言っていいですか？

T　Sさん、どうぞ。
S　えと、暗い時をわざわざ選んできたから、挿絵にもあるけど、男は女を背負って2人だけで来たと思って…
T　はい。
S　すると、灯りもたぶん持ってなくて、じゃ、どうして夜露が真珠みたいに光って見えたかって言うと。
T　ちょっと待って。確かにね。見えないよね、そんなきらきらとは。
S　で、想像なんですけど、この後、雨が降るじゃないですか。その前に、雷っていうか、稲光？　が光って、その時に周りの夜露が一斉に、こう、きらきらきらって光った。
T　おお！　それはすごい。じゃあ、女は雷怖くて「きゃあ」って叫んだ？
S　怖かったけど、叫ばずに、あれは白玉ですか？　って、男に訊いたんじゃないかと。
T　おお！　それは面白いね！　あり得るね！　これはドラマティック！　なるほど。

14　まとめ

T　あ、もう時間ですね。はい。ありがとう、こうやって「どうしてだろう」と本文に問いかけながら読んで、そしてそれをみんなで話していくと、読みが深まってくる。そういうことが実感できたんじゃないかと思います。そうか…。この歌、後悔の歌だもんね…。後悔というのは、とてもつらいものですよね。時代が変わり、社会制度も変わり、人の心も恋愛や結婚のあり方も変わってきたけれども、人に恋するその切なさ、つらさは変わっていない。伊勢物語は、だから愛されているんだと思います。はい、次回は、今日の表現の文法的なところを少し押さえていきましょう。じゃあ、終わりましょう。
全員　起立　礼　ありがとうございました。

5 まとめ、考察

(1)授業進行の構造

授業は大まかに次のような構造をもたせた。

1 音読する
2 大まかな文章の構造をつかむ
(1) 登場人物
(2) あらすじ
3 歌の解釈① 現代語訳
4 作品構造の読解
(1) 人物設定
(2) 物語進行の「悲劇的」必然性
5 歌の解釈② 歌の内容と主題の関連性と男の心情の読解
6 まとめ

この展開は、全体像を掴んでから徐々に深く読んでいく「漸層法的読み」である。最初から丁寧に読み、文章を少しずつ読み進めていく「展開法的読み」を取らなかったのは、本文全体が短く、話の大筋は比較的簡単に読むことが可能だからで、表層的に理解したところから、次第に読み深めていく過程を生徒に体験させることを狙った。

（2）「言語活動」

今回の実践は、日常的な古文の読解授業の中にある「言語活動」をそのまま提示したのみである。学習指導要領の『言語文化』、「読むこと」の学習活動例イ、「作品の内容や形式について、批評したり討論したりする活動」をまずは班の中で発問に応じて行わせ、さらに全体の中で発言させて交流するという形式をとっている。

国立教育政策研究所プロジェクト研究「学校における教育課程編成の実証的研究」（平成29年度〜令和3年度）によると、「主体的・対話的で深い学び」を実現するために、学びの主体を「子供」として定位することは重要であるが、子供の学びの姿を示すと同時にそのような子供の学びの姿を実現する教師の働きかけを記述することの大切さが指摘されている。授業改善のためには、「学習者の視点と授業者の視点の往還」が重要だとされ、ただ子供が活動していればよいという単純なものではないことも言われている。

今回の授業の班での話し合いは、本文の確認、本文の読みと内容の把握、歌の解釈の話し合いと、従来の授業でもよくなされてきた平凡なものにすぎない。しかし、そうした地道な読みの行為の確認や、部分的な解釈の小さな交流、仲間と自分の読みとの比較や文法事項を調べての読みの検討など、日常的、基本的な言語活動をないがしろにしたところに対話的で深い学びは実現しないだろう。

（3）人間理解と思考力の伸長に向けて

いまだに古文の授業と言えば本文を品詞分解し、文法的に説明できるようにし、現代語訳を作って終了……という授業がいわゆる「受験校」を中心に行われているきらいはある。本稿の冒頭でも書いた通り、生徒たちには古典作品を読むことを通して、時代の中で生きる人間の姿や、時代を超えた人間の魅力に触れてほしい。また、一見難しく、取り付く島もないように見える古典作品が、こちらからアプローチして積極的に読んでいくことで、次第に立体的に見え始め、いきいきとその魅力を開示してくれる、その楽しさを体感してほしい。

【参考文献】

・文部科学省（２０１８）『高等学校学習指導要領解説【国語編】』。
・大津有一・築島裕校注（１９５７）『日本古典文学大系９　竹取物語・伊勢物語・大和物語』（岩波書店）。
・三ツ木徳彦（１９６５）『文法詳解伊勢物語精釈』加藤中道館。
・中田嘉昭（１９９３）『授業の現象学』東京大学出版会。
・中田嘉昭（１９９６）『教育の現象学』川島書店。
・三浦和尚（２０１６）『国語教育実践の基底』三省堂。
・三浦和尚（２０１７）『高校国語科授業の実践的提案』三省堂。
・坂口由美子（２００７）『伊勢物語　ビギナーズ・クラシック日本の古典』角川ソフィア文庫ビギナーズクラシックス。

9

伝統的な「古典分野」の授業②

古文が好きになる『枕草子』の授業
―点を紡いで線で読む―

山崎 圭志
（北海学園札幌高等学校非常勤講師）

1 領域：意欲の喚起　分野：古文

「『古典』の時間が苦痛」「何のために古文・漢文を学ぶの？」「文法がわからないし話も面白くない」等、高校生の古典に対する苦手意識はいつの時代にも指摘される。また、受験シーズンになると「古文・漢文不要論」が取りざたされることも多いが、その時に必要性を訴える者の多くは研究者や教育者であり、当事者の生徒からの声はほとんどない。

そうであれば、大人たちの発する「言葉」ではなく、生徒たちが古文の授業を楽しいと思い、学ぶ必要があると思えるような「体験」を授業でさせればよい。少なくともその気概を持って教えることは生徒の意欲の喚起にきっと繋がるはずである。

古文を苦手とし、嫌う生徒は「自分の心からかけ離れた存在であるように感じる遠い世界の話」を「わからない。できない。難しい。」と考えている。だが、それは言い換えると「わからない」ものが「わかる」「できる」

ようになれば好きになるということでもある。日本の古典文学には、千年単位で変わらない人の心情や感性が書かれており、面白い話、胸打たれる話が山程ある。その遠い世界の話が、実は自分たちと非常に似ている、同じである、と実感することができれば、きっと生徒たちは古文を面白いと思うはずである。

2　学習材観

高校の古典の教科書で『枕草子』の第２９９段「雪のいと高う降りたるを」を学んで、ああ流石清少納言だと感動する生徒はいない。第１０２段「中納言参りたまひて」で、これは面白い話だと思う生徒もいない。そして、古文が苦手な生徒は『枕草子』の日記的章段においてまず次の六つが具体的にイメージできていない。

①中宮定子、他の女房の存在。
②中宮定子はどこにいるか。清少納言との距離。
③中宮定子の周りに女房はどれくらいいるのか。
④大納言は誰か。中宮定子との関係は。
⑤中納言は誰か。中宮定子との関係は。
⑥敬語の理解。種類と敬意の方向。

これらが古文を苦手とする生徒の壁であるならば、その壁を越えさせ、中宮定子、女房達の存在、清少納言との（物理的・心理的）距離、大納言、中納言と中宮定子の心理的関係を理解することで、登場人物に感情移入することができ、「古文はわかるし面白い」と思うのである。

『枕草子』の日記的章段には、清少納言の中宮定子に対する敬愛、中宮定子の清少納言に対する親愛と信頼が読み取れる描写が随所に溢れている。そこで、それらの章段の中から中宮定子と清少納言の心情が分かる場面を抜き出し、初めて宮仕えをした時から定子の崩御後に書かれた章段までと「跋文」を時系列に抜粋してプリントを作成し、生徒の意欲を喚起する授業を行った。

3 指導計画・言語活動案

（科目名・対象学年：選択古典・2年生／3年生）

・単元名：『枕草子』

・単元の目標：

①古文を苦手とする生徒の意欲を喚起する。

②清少納言と中宮定子の心情と関係性を理解する。

③「跋文」から「枕」の意味を考察する。

④『枕草子』の冒頭が「春はあけぼの」である意味を考察する。

・実施時数：約20時間

・言語活動案：

古文を苦手とする生徒の意欲を喚起するには、「わかる・できる（ようになった）という成功体験」と「登場人物への感情移入」の二つが必要である。そして「感情移入」するためには、小説と同じように「作者の意図（伏線）を登場人物／作者と対話するように読む」技能が求められる。それによって「討論」「論述」における意見の根拠（本文からの客観的理由）と論拠（意見と根拠を繋ぐ理由）が明確になるのである。

①「わかる・できる」ようになるために

時系列順に作成した『枕草子』の本文のプリントを4名程度のグループで協働的に品詞分解（用言、助動詞、敬語等）した後、黒板の本文に文法事項を生徒自身が記入して、現代語訳を確認する。生徒を古典嫌いにしないために「文法に拘泥しない」という声もあるが、「わかる・できるようになる体験」と主体的に正しく古文の内容を読み取り、登場人物の心情を正しく理解するために文法（特に助動詞）は必要である。

②「登場人物への感情移入」のために

登場人物の心情を読む根拠は現代文と同じ「台詞」と「行動」である。使われている助動詞や言葉に注意しながら心情を追っていくのだが、生徒たちは主体的・協働的に現代語訳して『枕草子』を清少納言の私小説のように読み、その成長を見届ける。そして、お互いに敬愛し、信頼し合っている二人の心情と絆を伏線回収しながら考察するのである。

③「論述」のために

本文の現代語訳と読解によって生徒たちは清少納言と中宮定子の関係性と心情を理解する。そして、読み取ったことを根拠として「跋文」での「枕」の意味と第一段が「春はあけぼの」である理由をグループで考える。これは「絶対解」ではなく「納得解」であるが、根拠と論拠を明確にさせるため、答えは何でもありではない。さらに協働で答えを出す過程の話し合いによって思考力と判断力、表現力が磨かれる。

4　学習指導の実際

・導入「藤原家人物相関図」

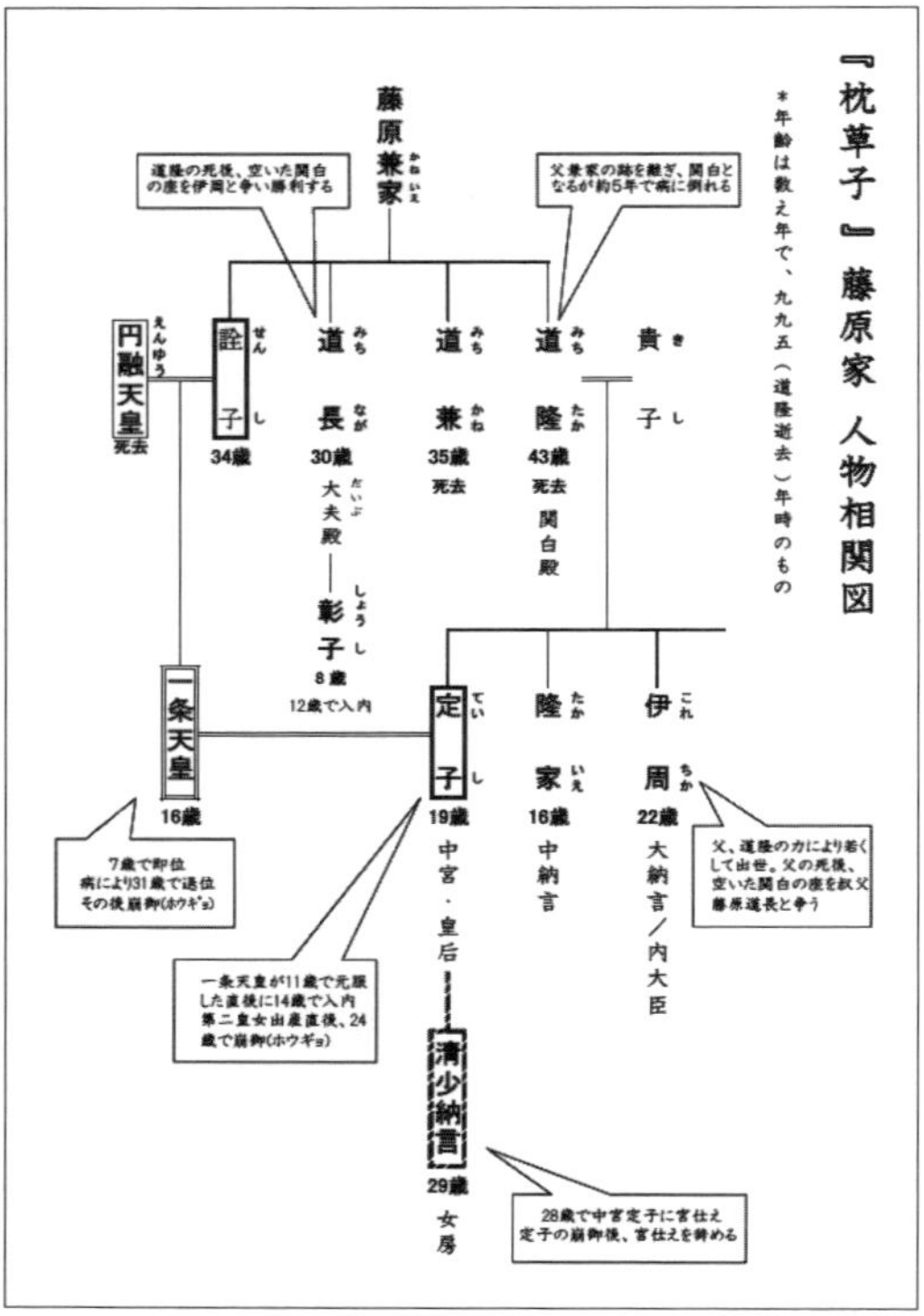

「意欲の喚起」に向けてのポイント

①定子と清少納言の年齢を確認する。……これによって、（年齢だけでいえば）生徒は定子を身近に感じ、第140段「宮に初めて参りたるころ」等に見られる可愛い言動の許容にもなる。

②藤原道隆、道長、伊周の年齢を確認する。……若い伊周が豪胆で老獪な道長に敵わなかったことは、『大鏡』にも見てとれる。

第140段「宮に初めて参りたるころ」より一

宮に初めて参りたるころ、ものの恥づかしきこと数知らず、涙も落ちぬべければ、夜々参りて、三尺の御几帳の後ろに侍ふに、絵など取り出でて見せさせ給ふに、手もえさし出づまじうわりなし。「これはとあり、かかり」などのたまはす。いとつめたきころなれば、さし出でさせ給へる御手のわづかに見ゆるが、いみじう匂ひたる薄紅梅なるは、かぎりなくめでたく、かかる人こそ世におはしましけれと、まもりまゐらす。

読解におけるポイント

①宮仕え初めの清少納言の心情「涙も落ちぬべければ」を確認する。……第276段「うれしきもの」の「道あけて、いと近う召し入れられたる」や第299段「雪のいと高う降りたるを」の「なほ、この宮の人にはさべきなめり」等の他の女房からの評価の【伏線】。

②定子が自ら絵を見せて説明している心情を考える。……清少納言が来るのを楽しみにしていた。140段「宮に初めて参りたるころ」四の「あな心憂、虚言をいふなりけり。よしよし」、第101段「御かたがた、公達」の「いとわろし。第一の人に、また一に思はれむとこそ思はめ」の【伏線】。

第140段「宮に初めて参りたるころ」より二

御前近くは、例の炭櫃に火こちたくおこして、それにはわざと人も居ず。上臈、さぶらひ給ひけるままに、近う居給へり。次の間に長炭櫃にひまなく居たる人々、馴れやすらかなるを見るもいとうらやまし。立ち居、ふるまふさまなど、つつましげならず、もの言ひ、ゑ笑ふ。いつの世にか、さやうにまじらひならんと思ふさへぞつつましき。

読解におけるポイント

①定子と女房たちの位置関係、数と配置を理解する。……宮中の定子の周りのイメージ。第276段「うれしきもの」や「跋文」での場面のイメージにつながる。

②「いつの世にか、さやうにまじらひならんと思ふさへぞつつましき」と気が引けている清少納言の心情を理解する。……第276段「うれしきもの」の「道あけて、いと近う召し入れられたる」や第299段「雪のいと高う降りたるを」の「なほ、この宮の人にはさべきなめり」の他の女房からの評価の【伏線】。

第140段「宮に初めて参りたるころ」より三

しばしありて、前駆高う追ふ声すれば、大納言殿の参り給ふなりけり。柱のもとに居給ひて、「昨日今日物忌に侍りつれど、雪のいたく降りて侍りつれば、おぼつかなさになむ」など申し給ふ。「道もなしと思ひつるに、いかでか」とぞ御いらへある。うち笑ひ給ひて、「あはれともや御覧ずるとて」などのたまふ御有様、これよりは何事かはまさらん。

読解におけるポイント

①大納言（藤原伊周）と定子の関係と古歌（『拾遺和歌集』の「山里は 雪降り積みて 道もなし 今日来む人を

あはれとは見む」平兼盛）を用いてのやりとりの確認。……「これよりは何事かまさらん」の指示内容。第137段「殿などのおはしまさで後」での伊周の大宰府左遷の対比ともいえる【伏線】。

②『拾遺和歌集』の古歌を用いての二人のやりとりを清少納言も理解していることの確認。……第137段「殿などのおはしまさで後」で定子と「引き歌」でやりとりをする【伏線】。

第140段「宮に初めて参りたるころ」より四

宮の御前、ものなど仰せられて、「我をば思ふや」と問はせ給ふ。御いらへに、「いかにかは」と啓するに合はせて、台盤所の方に、鼻をいと高くひたれば、「あな心憂、虚言をいふなりけり。よしよし」と、奥へ入らせ給ひぬ。いかでか虚言にはあらむ。さても誰かかくにくきわざしつらん。おほかた心づきなし。

読解におけるポイント

①鼻をひる（くしゃみ）は嘘・不吉の現れであることの確認。

②語の反復「よしよし」は強調であるので、現代語訳は「もういい！」。

③定子は本当に怒ったのか、怒ったふりをしてすねただけなのかの問いかけ。……第101段「御かたがた、公達」の「いとわろし。第一の人に、また一に思はれむとこそ思はめ」の【伏線】

④それに対する清少納言の心情「いかでか虚言にはあらむ」の確認。……第276段「うれしきもの」の「思ふ人のうへは、我が身よりも勝りてうれし」の【伏線】。

第101段「御かたがた、公達」より

御かたがた、公達、上人など、御前に人のいと多くさぶらへば、廂の柱によりかかりて、女房と物語などしてゐたるに、物を投げ賜はせたる、あけて見れば、「思ふべしや。いなや。第一ならずはいかに」と書かせ給へり。

筆、紙賜はせたれば、「九品蓮台の間には下品といふとも」と書きてまゐらせたれば、「いとわろし。第一の人に、また一に思はれむとこそ思はめ」と仰せらるるもいとをかし。

読解におけるポイント

①定子が清少納言に「思ふべしや。いなや。第一ならずはいかに」の返事をすぐに求め、一番を強要している心情の確認。……第140段「よしよし」の**【伏線回収】**。

②「いとをかし」から分かる清少納言の心情。……定子をかわいらしいと思っている。「うれしけれ」「いみじけれ」との比較読み。

第276段「うれしきもの」より

うれしきもの、まだ見ぬ物語の一を見て、いみじうゆかしう思ゆる物語の二つ見つけたる。恥づかしき人の、歌の本末問ひたるに、ふとおぼえたる、われながらうれし。

日ごろ、月ごろ、しるきことありて、なやみわたるが、おこたりぬるもうれし。思ふ人のうへは、我が身よりも勝りてうれし。御前に人々ところもなく居たるに、今のぼりたれば、少し遠き柱もとなどに居たるを、とく御覧じつけて、「こち来《こ》」と仰せらるれば、道あけて、いと近う召し入れられたるこそうれしけれ。

読解におけるポイント

①原文はかなり長いので、最初の2行と終わりの3行の間を削除。……「日ごろ～うれしけれ」は一連。

②類聚的章段であるが、なぜ最後の一文でいきなり定子が書かれたか。「思ふ人のうへは、我が身よりも勝りてうれし」で終わってもよいはず。……「思ふ人」で定子を思い浮かべた。第１４０段「いかでかは」「いかでか虚言にはあらむ」、第１０１段「第一の人に、また一に思はれむとこそ思はめ」の【伏線回収】。

③「とく御覧じつけて」から分かる定子の心情の確認。……清少納言がいつ参上するか待っていた。第１４０段の【伏線回収】。

④お互いに思い合っている清少納言と定子の二人の心情の確認。……第１４０段・第１０１段の【伏線回収】。

⑤最後の一文から分かる第１４０段「宮に初めて参りたるころ」の清少納言との違いの確認。……第１４０段「いつの世にか、さやうにまじらひならんと思ふ」の【伏線回収】。

第１２９段「関白殿、黒戸より」より

関白殿、黒戸より出でさせ給ふとて、女房の廂に隙なくさぶらふを、分け出でさせ給へば、権大納言殿、御沓取りてはかせたてまつり給ふ。いとものものしく、きよげに、さぶらひ給ふ。あなめでた、大納言ばかりの人に沓《くつ》をとらせたてまつり給ふよと見ゆ。大夫殿の、戸の前に立たせ給へれば、居させ給ふまじきなめりと思ふほどに、少し歩み出でさせ給へば、ふと居させ給へりしこそ、なほいかばかりの昔の御行ひのほどにかと見たてまつりしこそいみじかりしか。大夫殿の居させ給へるを、かへすがえす聞ゆれば、「例の思ふ人」と笑はせ給ふ。まいて、この後の御ありさまを見奉らせ給はましかば、理とおぼしめされなまし。

読解におけるポイント

①関白殿（藤原道隆）と大夫殿（藤原道長）の関係の理解。

②大夫殿が膝を付いたことをことさらに言う清少納言の心情の確認。……大夫殿の力と野心を理解している。同段の「この後の御ありさま」の先見の明の【伏線】。

③「例の思ふ人」から分かることの確認。……清少納言はいつも大夫殿の力を評価する発言をしている。第137段「殿などのおはしまさで後」の「左大殿のかたの人、知るすぢにてあり」の【伏線】。

④「この後の御ありさま」は誰のどのようなありさまか。……藤原道長の実権掌握〜栄華。

⑤「見奉らせ」の主語は定子であるが、「奉ら」「ましかば〜まし」から何が分かるか。……定子の崩御後に書かれている。

⑥『枕草子』は定子の崩御後にも書かれていることの確認。……だから思い出の中の定子は「笑はせたまふ」といつも笑っている。

生徒たちはここで、定子の死を認識する。それは今までの清少納言と定子の微笑ましい話だけではなく、歴史の中でのリアルな哀しい事実としての物語である。もはや「自分の心からかけ離れた存在であるように感じる遠い世界」の話ではなくなっている生徒は多い。

第１３７段「殿などのおはしまさで後」より

殿などのおはしまさで後、世の中にこと出で来、さわがしうなりて、なにともなくうたてありしかば、久しう里に居たり。げにいかならむと思ひまゐらする。さぶらふ人たちなどの「左大殿のかたの人、知るすぢにてあり」などとものなどいふもにくし。仰せ言などもなくて日ごろになれば、心細くてうちながむるほどに、長女、文をもて来たり。「御前より、忍びて賜はせたりつる」といふ。胸つぶれて、とく開けたれば、紙にはものも書かせ給はず、山吹の花びらただ一重をつつませたまへり。それに「いはで思ふぞ」と書かせたまへるこそいみじけれ。

読解におけるポイント

①殿（藤原道隆）の崩御後、道長派と定子派に割れ、清少納言は道長派であるとの陰口を言われて里に籠る。……第１２９段「関白殿、黒戸より」の「例の思ふ人」による因果の確認。

②定子から清少納言に、山吹の花びら一枚に「いはで思ふぞ」とだけ書いた文が届くが、それは二つの和歌を用いたメッセージ（引き歌）であったことの理解。

③定子は清少納言がそれを理解できるとわかっていることの確認。……第１４０段「宮に初めて参りたるころ」の「これよりは何事かはまさらん」の【伏線回収】。「跋文」の「枕」の【伏線】。

④清少納言はそれを確かに理解して「宮に初めて参りたるころ」で定子と伊周のしていたやりとり以上のことを定子と自分がしていることの確認。……第１４０段の【伏線回収】。「跋文」の「枕」、第一段「春はあけぼの」の【伏線】。

「跋文」より

この草子、目に見え心に思ふことを、人やは見むと思ひて、つれづれなる里居のほどに書きあつめたるを、あいなう、人のために便なきいひすぐしもしつべき所々もあれば、よう隠し置きたりと思ひしを、心よりほかにこそもりいでにけれ。宮の御前に、内の大殿のたてまつり給へりけるを、「これに何を書かまし。上の御前には、史記といふ書をなむ書かせ給へる」などのたまはせしを、「枕にこそははべらめ」と申ししかば、「さは得てよ」とて賜はせたりしを、あやしきを、こよやなにやと、つきせずおほかる紙を書きつくさむとせしに、いとものおぼえぬことぞおほかるや。

・「思考力・判断力・表現力」を育むために

観点別評価の一つに「思考・判断・表現」があるが、授業で教えた内容を定期考査で答えさせることが「思考・判断・表現」であるとは思わない。本当の「思考・判断」は答えが一つに絞られる「絶対解」ではなく、「納得解」を導き出す中で育まれるものであると考えるからだ。「跋文」における「枕」の解釈は様々な説が唱えられている。だが、清少納言が思った「枕」の意味は一つである。そうであれば、定子や女房たちを含む宮中での清少納言の心情に寄り添うことができれば、その意味は自ずと絞られるのではないだろうか。それを生徒たちに個人思考の後、グループワークで考えさせた。

・考えるポイント

①清少納言は「人やは見む」と思って書いているが、要望があれば断れない人物がいること。……定子には見られることを前提に書くはずなので、特に「冒頭」にはこだわるはずである。

②定子の「これに何を書かまし」に対して、「枕にこそはべらめ」と「こそ」の係り結びを用いてまで即答していること。……第299段「雪のいと高う降りたるを」の「なほ、この宮の人にはさべきなめり」での定子、女房たちとの当意即妙なやりとりと同様であると考えれば、清少納言の思った「枕」の意味に迫れるはずである。

③「申ししかば」とあるので、清少納言は定子ではなく他（女房）に言っていること。……ますます「いつもどおりのやりとり」である。

④それに対して定子は「さは、得てよ」と迷うことなく清少納言に渡していること。……第137段「殿などのおはしまさで後」での「山吹の花びら」のやりとりを考えると、二人が理解し合っている「何か」があるはずである。また、「得よ」ではなく「得てよ」であることからも定子の意図を探りたいが、至らずにいる。

⑤根拠は今回の単元及び『枕草子』すべての内容とすること。

清少納言の「枕」の意味に迫る！

『枕草子』という作品名は後世の誰かが名付けたもので、意味については正確にわかっていませんが、由来は、清少納言本人が書いた「あとがき」の次の部分から『枕草子』と名付けられたと考えられています。

中宮定子「これに何を書かまし。上の御前には、史記といふ書《ふみ》をなむ書かせ給へる」

これ（献上された紙）に何を書きましょう。一条天皇は史記を書写なさっている。

清少納言「枕にこそははべらめ」

枕でございましょう!!

二人のやりとりで、清少納言が、係り結び「こそ」を用いてまで「枕にしましょう」と答えたのは意味がよくわからず、会話としてもおかしく感じます。そのため、この「枕」の意味についてては、多くの学者達がさまざまな説を提唱してきました。なかでも有力な説として次の四つがあります。

①「備忘録」説

現代もホテルの枕元の机にメモ帳とペンがあるように、「備忘録として枕元に置いて、思ったことを書き残すのはどうでしょう!!」という意味。

②「歌枕」説

「歌枕」とは、古くは和歌に詠まれた言葉や題材、またはそれらを記した書籍の意味で、「歌枕の解説を書くのはどうでしょう!!」という意味。清少納言が歌枕解説書を書けば、それを参考に歌詠みができるので、「さらば得よ」と中宮定子が渡したこととも結びつく。

③「枕詞」説

「枕詞」とは、特定の語を導く通常五音節の言葉で、「しきたへの」が「枕」を導く枕詞であるので、「帝が史記を書かれているならば、（「しき（たへの）」で導かれる「枕」でしょう!!」という意味。

④「言葉の洒落」説

帝が書写している『史記』で敷き物を連想し、「帝が敷き物ならば、こちらは同じ寝具の「枕」でしょう!!」という意味。能因本（『枕草子』の写本の一つで、他の写本よりも分量が多く、その文体から完成後に加筆されたものと現在では考えられている）には、「これ給ひて枕にし侍らばや。（これをいただいて枕にしたいものです。」とある。

「枕の意味を考える」のワークシート

ワークシートを用いて、個人意見～4名程度のグループでの協働的作業で答えを一つに絞らせた。「納得解」であるのに答えを絞らせることへの疑問があるかもしれないが、個人の違う意見を相手に納得させるために「根拠」と「論拠」が必要になる。協議することによって「思考」と「判断」が深くなり、意見を正しくわかりやすく伝えるために「表現力」が必要になる。そして、全体の意見を共有して、個人の「納得解」を持つことで「思考・判断」がさらに深まるのである。

5 まとめ・考察

この単元で清少納言の成長を見守った生徒たちはこの後、第299段の「雪のいと高う降りたるを」を読んで、あの初々しかった清少納言が女房たちに認められていることを我がことのように喜ぶ。また、第102段「中納言参りたまひて」では、兄の大納言伊周と違って女房たちに馬鹿にされている隆家や、嫌々書いている清少納言の心情も理解できるようになった。

清少納言は決して「伏線」を意識して『枕草子』を書いてはいない。だが、私たちが「伏線」を読みの技能として意識すれば、人物の心情を表している点と点が繋がり、読みが確かなものになる。また、「伏線」とはその時ではなく後から紡いで納得するものである。声高に「これが伏線だよ！」と強調するのではなく、読みの時に押さえておくだけでよい。本当に必要な時に紡いで読みを深めれば良いのである。この「伏線」（他の表現・心情との繋がり）を意識するか読み流すかは、生徒の思考と判断に大きな差となって表れる。

はじめに「古文嫌い」の生徒を「古文好き」にするためには、「わからないこと」が「わかる・できる」ようになり、「自分の心からかけ離れた存在であるように感じる遠い世界の話」を身近に感じることが必要だと書いた。

この単元を終えて、生徒の感想がその結果を表している。

「わかる・できる」ようになった成功体験

・見ただけでは全く理解できない文も一つ一つ訳していけば意味が分かっていくことに感動したし、力がついているのも実感できた。グループワークが多くて自分たちで考えることが多いので、主体的に取り組める授業になっていた。

・『枕草子』の授業を受けて、もともとなんとなく解いていた古文の問題が根拠を持って解くことができるようになった。動詞、形容詞、形容動詞などの活用形や助動詞の意味、古文単語など様々のことが問題を解くときに役立っている。特に、助動詞と敬語は意味をつかめているかがとても大事だと考えているので使い方が知れて良かった。これからも得点をさらに上げられるように頑張っていきたい。

・古典は自分の中であまり好きではない教科だったけれどグループで交流しながらやると一人じゃわからないところも相談しながらできるから、そこまで苦手意識がいつもよりも感じなくなった。文章を様々な解釈を比べながら自分なりに考えて結論を出すのが楽しかったし、ほかの作品にも少し興味が湧いた。

・今まで教わった知識を使って心情の移り変わり、時代背景、細かな描写まで読み取ることができる喜びや日本語の良さに触れるたび、心が豊かになっていると感じました。

・『枕草子』を読解して内容を知れて清少納言と中宮定子の関係がよくわかりました。「枕の意味」を考える時に複数の説を知っていろんな視点から考えることでより深く想像することができました。

「登場人物への感情移入」体験

・『枕草子』の授業を受けて、こんなにも切ない話だとは思いませんでした。本文を根拠に人物の心情をみんなで考えるのも楽しかったし、今の現代にも共通している場面も多々あるので、とても心に響きました。

・物語の登場人物たちが織りなすさまざまな人間模様、言葉、人物の表情、しぐさ、そのすべてが今まさに目の前で見ているような感覚になる。そんな授業だったと感じました。

・『枕草子』を終えて、今までよりもさらに古文を読むことが好きになりました。また、登場人物である清少納言と定子の心情を深く読みとることができ、どの話も気づいたら、その作品の中にいる気分でした。

・『枕草子』の授業を受けて、千年以上も昔の話なのに今の私達が登場人物たちの心情を考えているのはとても不思議な感じがしました。この他の枕草子の章段も今後読んでみたいと思います。

・『枕草子』を読解して、清少納言と中宮定子のそれぞれの感情が多く表現されていることに気がつくことができました。中宮定子が清少納言の気持ちを試したり、清少納言が中宮定子と会えず辛いと思っているシーンがあったりなど、登場する人物の思いや願いが複雑に表現されているように感じ、一つ一つの文に注目するようになりました。そしてそれによって現代の人が読んでも清少納言や定子の気持ちがよく分かるとても深い話だという思いに変わりました。

「古典嫌い」が「古典好き」になる体験

・中学生、高校で思っていた「古典の授業は何のためにあるのだろう?」という疑問が先生の古典の授業を通して解決したことが嬉しかったし、自分の中に知識として身についていく実感があったことが驚きでした。先生の授業のおかげで嫌いだった古典が好きになったし更に得意になりました。ありがとうございました!

・今まで好きな教科は何かと聞かれたら体育しかなかった僕も今は古典と答えられるようになったのもきっと先生の授業のおかげです。1年間受けて1回も眠くなかったです! 笑

・ずっと古典を学ぶ意義を見出すことができず、古典の勉強方法そもそもが確立できずに悩んでいました。で

も中学生の頃も含めて、この1年間が自分の中で一番古典ができるようになったと思います。先生の授業のおかげで古典が楽しいと思うようになりました。

高校の現代文で小説を教えていた時代、『こころ』『山月記』『舞姫』等、「作品に力がある」と言われる学習材があった。『枕草子』の「日記的章段」のこれらの選択は、それらの作品に劣らない「作品に力がある」学習材である。機会があれば、ぜひあなたの実践で試してほしい。

10

現代的な「古典分野」の授業①

実社会を『論語』を通して見つめ直す
―解釈の多様性を生かした「読むこと」領域の授業実践―

小川　耕平
（北海道立高等学校教諭）

1　「読むこと領域」について・単元の背景

第9次学習指導要領（以下、現COS）では高校国語科の必履修科目は再編成され、「現代の国語」および「言語文化」が新設された。「言語文化」には古典を読んで内容を理解するだけでなく、「我が国の言語文化の担い手としての自覚をもち、言葉を通して他者や社会に関わろうとする態度」の育成も含まれている。「言語文化」が設定された経緯を確認すると、これまでの古典の学習について、社会や自分との関わりの中でそれらを生かしていくという観点が弱く、学習意欲が高まらないといった課題を踏まえられていることがわかる。言わずもがな、これは学習材にのみ目を向ける閉じられた学習活動ではならないという指摘であろう。詳細については「3．指導計画・言語活動案」で提示するが、前述した内容を踏まえて、本単元では古典を読んで情報を取り出す能力を育成するだけでなく、古典から得た情報を実社会とつなげて活用する能力の育成を図った。それは古典の内容を解釈し、解釈した内容を根拠に実社会の出来事を批評する能力である。

2 学習材観

本実践を通じて生徒に身につけさせたい資質能力のひとつとして、古典の内容を解釈し、解釈した内容を根拠に実社会の出来事を批評する能力を定めている。この能力を養わせるための学習材としては解釈の幅を広く保てる古典のテキストが最適であると考えた。どのようなテキストにおいても解釈が一義的ということは考え難いが、古来より様々な解釈が提示された実績をもつものを採用したく、『論語』を選定した。

伊崎孝幸（２０２２）は『論語』を学習材として学習活動を行う利点は、過去の注釈などを基に吟味を重ね、新たな解釈を提示するというような読解力を養えることにあると論じている。加えて、現在の漢文教育における問題点として、生徒の多様な解釈が認められていないことを指摘している。この問題を解決するために、現代にそのまま通用しそうな言葉であっても、生徒がそれらの言葉の意味を考え、過去の注釈を参照しながら解釈に到達するというアプローチが重要であると論を締めている。伊崎（２０２２）はこの提言に至る実践を論の中で紹介しており、何晏らによる『論語集解』や朱熹による『論語集注』の詳細な解説をもとにして生徒に『論語』を解釈させていく展開はテキストとの深い対話を可能とする素晴らしい実践である。しかしながら、現ＣＯＳの要点である「学校と社会の接続」という観点から実践を改善すると、より発展的な学習活動が望めるのではないだろうか。

本実践は「学校と社会の接続」を観点に、『論語』における解釈多様性の性質を活用する展開を設定したものである。『論語』に対峙する読者はその時の立場や状況に応じた教えを見出すことができるため、この状況に実社会の出来事という具体的な形を与えて敷衍することが可能となる。つまり、生徒が解釈した『論語』の内容を根拠にして、実社会の出来事について考えを深める発展的な学習活動が望めるということである。決して訓詁注釈を中心とした授業を否定するのではなく、その内容を実社会につなげることで生徒に主体性が生まれ、漢文学への理解が深まるとともに、「我が国の言語文化の担い手としての自覚をもち、言葉を通して他者や社会に関わろうとする態度」が育まれることを期待している。

3 指導計画・言語活動案

【単元の目標・ねらい】

■古典に用いられている語句の意味や用法を理解し、古典を読むために必要な語句の量を増やすことを通して、語感を磨き語彙を豊かにすることができる。**〔知識及び技能（以下、知技)〕**

■古典の作品や文章について、内容や解釈を根拠にして自分の知見と結びつけ、実社会の出来事に対して考えを広げたり深めたりすることができる。**〔思考力、判断力、表現力等（以下、思判表)〕**

■言葉がもつ価値への認識を深めるとともに、読書を通じて自己の考えを広げたり深めたりして、我が国の言語文化の担い手としての自覚をもち、言葉を通して他者や社会に関わろうとする。**〔主体的に学習に取り組む態度（以下、主態)〕**

本単元では初めに学習者に身につけさせるべき「知技」は後に実施する実社会の出来事への批評文を作成する活動を支える知識的な基盤になる。学習者が作成する批評文が実社会の出来事のみを扱うものでは、目標としている深い学びを達成することができない。あくまでも「論語に……と記載されているため、実社会は……である」という論理を大切にしなければならないということである。そのため、解釈を行う基盤となる語句の意味を理解することについて、上記の通り目標を設定した。この「知技」については一次で、漢字辞典を引いたり、指導者から古注や新注の解釈を学んだりするなどの活動を通じて養うことを想定している。この「知技」を発展させて、解釈した『論語』の内容と結びつけられる実社会での出来事を学習者が探せる時間を定めた。また3次ではそれらを踏まえて批評文を作成する活動を定めており、これら言語活動を通じて「思判表」を養うことを想定している。

「主態」のうち重視するのは、単元の中で『論語』の価値について認識を深めようと粘り強く学習を継続させる態度と、『論語』の内容を踏まえて実社会に対する考えを広げたり深めようとしたりする自己調整的な態度である。粘り強さについては、単元全体を通じて一度の解釈で終えることなく、反復的に学習を進めることで得られる態度である。

対して自己調整については、『論語』の解釈を行うことに加えて実社会を様々な角度から捉えようとする試行錯誤によって得られる態度である。

【単元の評価規準】

■「知技」

A　古典に用いられている語句の意味や用法を理解し、古典を読むために必要な語句の量を増やしたり、多様な字義の中から解釈に必要とする適切な意味を選択することを通して、語感を磨き語彙を豊かにすることができる。

B　古典に用いられている語句の意味や用法を理解し、古典を読むために必要な語句の量を増やすことを通して、語感を磨き語彙を豊かにすることができる。

C　目標の達成に、努力を要する。「知技」ア［古典探究］

C評価となる学習者については、一次にて実施する『論語』の解釈を行う中で、ワークシートの書き込みや字義の調査が不足していることや指導者の提示する古注や新注の解釈をまとめられていないことを観点にして見取る。この支援としては、学習者が引いた漢語辞典の内容を深めるために別の字義を確認させたり、その意味について詳らかに解説したりといった補助を行った。本校の漢文を苦手とする学習者は現代の言葉遣いから離れた言い回しを苦手としているため、彼らの文脈に沿って意味の補足を行うことが効果的な支援になったと思われる。

B評価の学習者については、二次で実社会の出来事と本文の解釈を比較する中で、正しい字義の選択ができているものの、より適切な字義の選定ができていないことを観点にして見取る。この支援教具として、多様な『論語』の解釈を各自で入力して、常に確認できるGoogleスプレッドシート（以下、シート）を用意した。『論語』の内容に結びつく実社会の出来事を見つけられたものの、字義の解釈が不十分だったり、内容を単一的に解釈していたりした学習者は模範として示された解釈から離れられずにいたものが多かった。そこで、シートを活用して字義の確認を何度も行い、多様な解釈を作成さることで、『論語』の解釈を広げていった。これにより、学習者は多様な選択肢の中から適切な意味を選択することができるようになったと思われる。

■「思判表」

A　『論語』について内容を解釈するとともに、それと結びつけられる実社会の出来事を探し、その出来事に対して解釈した『論語』の内容を根拠にして自分の知見と結びつけ、考えを広げたり深めたりするとともに、『論語』そのものが持つ価値について批判的に評価することができる。

B　『論語』について内容を解釈するとともに、それと結びつけられる実社会の出来事を探し、その出来事に対して解釈した『論語』の内容を根拠にして自分の知見と結びつけ、考えを広げたり深めたりすることができる。

C　目標の達成に、努力を要する。　A　読むこと　オ　[古典探究]

C評価となる学習者については、三次にて実施する実社会の出来事に対して批評文を書く活動の中で、これまで解釈してきた『論語』の内容と実社会の出来事が関連づいていない文章を書こうとしていることを観点にして見取る。原則、一次にて誤った解釈をしている学習者が生じないように支援を行っているため、この場合C評価が発生する原因は実社会の出来事を正確に理解することができていないことに起因すると考えられる。この支援としては、当該学習者の行った『論語』に対する解釈の中から最も理解が深まっていると推察できるものを選び、それと結びつきの強い実社会の出来事を直接ないしは間接的に提示する補助を行った。これにより、情報収集に課題がある学習者や実社会の出来事の概要を把握できていない生徒が単元における目標以外の学習活動で躓かないように焦点化を図ることができたように思われる。

B評価の学習者については、三次にてこれまで解釈してきた『論語』の内容とそれに結びつく実社会の出来事に目を向けていく中で、『論語』に対する価値について無批判的に受け入れていることを観点にして見取る。『論語』の掲載を早くは小学校の教科書に確認することができるものの、管見ではあるがそこに多様な解釈を促す学習活動を展開する場合は少なく、内容を教訓として読ませることが多いのではないだろうか。中学校でも同様の活動は散見され、『論語』は揺らぐことのない絶対的な意味を持ちうるようにしばしば扱われるが、それは思考力を働かせた先にある「読むこと」ではない。この単元を通じて学習者に身につけてほしいのは、『論語』そのものへの理解を深め、現代に生きる私たちにとって『論語』がどのような価値を持ち得るのかを考える中で養われる批判的な思考力であり、批判的な「読むこと」である。この支援としては、学習者の示した解釈に対して新たな論点を提示する補助を行った。実践の中で「子曰学而時習之……」を取り上げた学習者に対して、「学」ぶことの重要性が説かれているが、これは人間が本来持ち得る善なる性に立ち返ることを示しているため、現代においても本当に通用する考え方なのかどうかを指摘した。このように、学習者が解釈を行ううえで重要視していなかった新たな論点を提示することで生徒は考えを深めることができたように思われる。

■「主態」

言葉がもつ価値への認識を粘り強く深めるとともに、読書を通じて自己の考えを調整的に広げたり深めたりして、我が国の言語文化の担い手としての自覚をもち、言葉を通して他者や社会に関わろうとしている。

粘り強く学習を継続させる態度は、課題を抱えながらも支援を要請したり、反復的に漢字辞典や指導者の用意した資料と『論語』本文とを往復して読み進めたりする態度から評価を行った。また、自己調整的な態度は指導者によって提示された支援をもとに自身の学習方法を検討したり、様々な解釈を作成して実社会の出来事との結びつきの検証を何度も行ったりする態度から評価を行った。この両側面を十分満たしていると判断できた場合をA評価とし、どちらかが満たされていればB評価、どちらも不十分であり努力を要する場合をC評価とした。

【次数と展開】

■第1次（全2時間）

○単元の目標や単元の全体を確認して、学習の見通しを持つ

○批評文を書く目的やそのものの構成について理解する

○単元で扱う『論語』の概要を確認し、白文や書き下し文について復習する

○書き下し文や先人による語の解釈をもとに『論語』の現代語訳を作成する

■**第2次（全2時間）**

○古典を根拠にした批評の考え方について理解する
○本単元で扱う批評文の構成について理解する
○『論語』の内容と実社会の出来事を比較して、前次で扱った内容を再解釈する

■**第3次（全2時間）**

○『論語』を根拠にした実社会の出来事への批評文を作成する
○批評文の作成に加えて、『論語』に対する評価を行う
○単元の振り返りを行う

【言語活動案】：実社会の出来事に対して『論語』の解釈を根拠にして批評文を書く

（1）根拠となる『論語』の内容について、字義を確認しながら解釈を行う
（2）解釈を行った内容と結びつきの強い実社会の出来事を探す
（3）『論語』の内容と実社会の出来事を比較してより適切な解釈を考える
（4）批評文を作成するとともに、『論語』の価値について批判的に考える

『論語』を学習材としてこの言語活動を行うことにより、学習者は古典の世界に閉じられた学習ではなく、実社会に開かれた学習を経験することができる。これは単に古典と現代を繋げる窓口となるだけではなく、学習者が『論語』の内容と何度も対話することを必然的に発生させる枠組みとなっている。学習者は批評文に表現した

自身の主張を支える根拠として、自身の経験や一般論を用いることはできないため、必ず『論語』の理解を深める必要がある。実際には実社会の出来事に関連する『論語』を根拠として選んだ逆順の思考で批評文を書いた学習者もいたかもしれないが、それでも齟齬のないような『論語』の解釈は必要となるため、古典そのものから離れることができないデザインとなっていることがこの言語活動の特長であろう。しかし、この逆順の思考は単元で学習させたい過程に悖るため、指導上留意しなければならない。これ以外にも、手順によって留意しなければならない点がある。

（1）では学習者に対して字義の確認を徹底させることである。これまで記述してきたとおり、本単元の中心となる言語活動を支える基盤はこの字義や書き下しの確認にある。この定義が曖昧であったり、学習者独自の根拠を持たないイメージによるものであったりした場合、『論語』の内容から乖離していき、学習材に古典を用いた利点が失われてしまう。後に学習者が『論語』の内容と何度も対話するためには、先人達の示してきた語の解釈に依拠する必要があることを留意したい。（2）ではそれと結びつきの強い実社会の出来事を探すのだが、『論語』を出発点として情報を収集させる必要がある。実社会の出来事に関連する『論語』の内容を選ぶという逆順の思考が行われると、解釈が現代基準となり古典との反復的な対話が失われてしまう。この発生を防ぐために、『論語』の解釈を頭に入れて実社会の出来事を探す流れを意識させ、常に徹底させることを留意したい。（3）の活動ではこの解釈を絶対的なものとするのではなく、実社会の出来事に結びつきがより強まる解釈はないか検討が行われる。ここでも解釈が学習者独自の根拠をもたないものになっていないか確認する必要があることを忘れてはならない。（4）の『論語』の価値について批判的に考える段階では、学習者が様々な観点から考えられるように新たな視点を提示したり、固まりつつある考えを揺さぶるような質問を投げかけたりするよう留意した。これにより学習者は『論語』の価値について何度も考えを巡らせ、無批判で受け入れずに粘り強く学習を行えることができたように思われる。留意点に共通しているのは学習者が『論語』から乖離せず、本文と何度も対話することで理解を深められるような支援を行うことである。

4　学習指導の実際

■第1次

まずは批評文の構成について説明を行い、根拠をもって主張を行うことの重要性や古典を扱うことのねらいについて、これまで学習材観に記載してきたものと同様の内容を学習者へ伝えた。次に、本単元で扱う『論語』を提示し、この内容を根拠にして批評文を書き進めることを伝えた。学習者は『論語』という言葉を聞いても内容を具体的に想起できず、実際の一節を示すことで小学校や中学校で扱った内容や、前年次に「言語文化」で扱った学習内容を思い出すことができたようであった。これまでの学習を思い起こさせた後に、『論語』の成立や特徴についてスライド資料を活用しながら整理した。概観を終え、教科書に掲載されている書き下しは解釈の一つであり、絶対的なものではないことを伝え、内容の複数解釈をシートへ整理する活動を開始させた。班を編成させ、様々な種類の漢字辞典を与えて字義を確認するように伝えた。

2時間目は前時に続き、様々な出版社の漢字辞典を活用しながら字義の整理を行わせたが、学習過程内で常にシートを確認し、字義の調査が不十分なものにならないように指導した。学習者は2人1組を作成して、それぞれが別種の漢字辞典を活用して提示された内容をもとに字義を調べていた。片方の漢字辞典に記載されていない字義がある場合、学習者同士で対話的に補填し合う中で語彙を豊かにすることができた。調べた内容は班毎のシートにまとめ、オンライン上で他班の内容についても確認することができるようにしたため、班で実施した字義の理解を他班の学習者が参考にする場面もみられた。字義をまとめた後に、それぞれの班に発表する語を振り分けて全体発表を行った。班による発表に加えて、そこで提示されなかった字義があれば聞き手の学習者から補足させるとともに、学習者から提示されなかった字義を指導者より提示して、全体が多様な字義を学習できるような展開を意識した。ここで整理した字義をもとに個人で『論語』本文の解釈をシートに行った。

全体的な傾向としては、書き下しから解釈を行うことに課題がみられたため、適宜文法の解説を行ったり部分的に指導者の解釈を提示したりしなければならなかった。この発表と解釈の作成を終えた時点でのシート上の記載をもとに「知技」の総括的評価を行った。

■第2次

第2次では、前次で学習した『論語』の解釈を根拠にして、実社会の出来事を批評する際の考え方について提示する学習から始めた。学習者に対して何度も注意喚起を行ったのは、『論語』の解釈を踏まえて実社会の出来事を批評するという過程の遵守である。当然『論語』の内容と結びつきの強い実社会の出来事を探す中で部分的に逆順の思考が働くことは避けられないが、批評文を作成する題材を決定する際には必ず『論語』より始めるよう指示した。手順としては、まず自分が扱う『論語』の一節を決めたうえで、それと結びつきの強い実社会の出来事を探すように指示したが、十分に内容を定着させられていない場合は前時に作成したシートと見比べながら調べても良いこととした。後者の手順で実施した場合、実社会をもとにした『論語』の解釈となってしまうことが予想されるため、学習者の様子を注視して古典をもとにした題材決定になるよう適宜声掛けを行った。この手順について、指導者が実際に作成した批評文とその作成過程を例示して、学習過程のイメージを持たせていった。

指導者による学習手順提示終了後、学習者は批評文を作成する題材について、各種ニュースサイトの記事を閲覧したり、ＳＮＳ上に取り上げられていたりする話題を中心に探していた。『論語』の内容を解釈して自身に定着させている学習者はすぐに題材を決定することができたが、定着が不十分な学習者やニュースの概要を整理することに課題をもつ学習者は題材決定に多くの時間を要した。学習者が取り上げた『論語』の一節とそれと結びつきの強い実社会の出来事の概要は次のとおりである。

・過猶不及
→35名（様々な職種における過労死、スポーツ練習過多、日本の増税、パワハラ、ワクチン接種、パパ活、極端な低コスト高品質の追求、某芸能人の歯磨き）
・子貢問曰有一言而可以終身行之者乎子曰其恕乎己所不欲勿施於人
→16名（SNSにおける誹謗中傷、いじめ問題、毒親）
・学而不思則罔思而不学則殆
→14名（勉強しても考えない私達、増税、闇バイト、中古車水増し請求、コロナによる買い溜め、総理銃撃事件、紙ストロー）

学習者が批評する題材を概ね決定し終えたところで、4時間目は『論語』の内容を再解釈することに時間をかけるよう指示した。1次で学習した字義の内容を再度確認し、新たな解釈の可能性について検証することで、学習者がより深く『論語』の内容について理解することを目的とした。ただし、その字義の解釈が根拠を持たないものであってはならないため、学習者が典拠としたものは何かを確認するよう留意した。

■第3次

第3次では学習者に批評文の雛形を提示して説明する活動から始めた。雛形はシートを活用して作成し、学習者もそれを編集しながら批評文を作成できるようにして進捗状況を逐次確認できるようにした。5時間目に学習者に対して作成を指示した内容は、「引用する『論語』の一節」、「実社会における出来事の詳細」、「批評文」の3点である。

学習者が最も課題を抱えていたのは『論語』の評価についてである。『論語』の内容に対しても批判的な態度はなく、むしろ感銘を受けているものが多かったように感じる。これに対して、学習者が多角的に価値について考えられるように視点を与えていく声掛けをしていくのだが、この時間が3次の大部分を占めていた。例えばひとりの学習者は次のような批評文を作成した。

先日、タレントの某氏が死亡したことが報じられた。これは誹謗中傷などによる自殺の可能性があるとされている。

これについて、『論語』に目を向けると「五霊公第十五」に「子貢問曰有一言而可以終身行之者乎子曰其恕乎己所不欲勿施於人」とある。これは「子貢が孔子先生に「一言だけ、生涯大切にするべき言葉はなんでしょうか。」とお尋ねした。孔子は「思いやりの心であろう。自分の望まないことは人にしてはならない。」と返した。」と解すことができ、生きていく上で必要な考えについて言及するものである。

これを踏まえると、某氏が誹謗中傷により死亡してしまったことは人への思いやりがなく、簡単に人を傷付けられる人が多いということである。『論語』には「生涯大切にするべき言葉は思いやりの心であり、自分が望まないことは人にしてはならない」とあり、誹謗中傷はどんな理由があろうとも簡単に人の心を傷つけてしまい、最悪死まで至ることがあり絶対にしてはいけないことが学べる。そう考えると、紀元前に記された『論語』の指摘は、自分が望まないことはしてはならないと教えてくれ、人に思いやりの心を持たせる言葉だといえる。（一部改変）

内容として概ね問題はなく、解釈についても字義の調査を行っている批評文である。しかし、評価の部分が不十分であり、考えを広げ深めるところまでは達成できていないように思われる。学習者は『論語』について、「自分が望まないことはしてはならないと教えてくれ……」と記載していたため、指導者から「一方で、自分が望ましいと感じることは何でも他者にして良いのか」という問いかけを行った。学習者はこれについて何度も下書きを変更して考えを深めていたようだが、最終的にはその点について言及ができずに締め切りをむかえてしまったことを後日話していた。学習者の中では実際に考えを何度も巡らせており、内的に深められることはできたのだろうが、批評文にそれが表現されることはなかった。

また、実社会の出来事に対する考えとして、「誹謗中傷はどんな理由があろうとも簡単に人の心を傷つけてしまい……」と表現されているが、『論語』の内容を根拠にせずとも導ける一般的な考えであり、古典から得た学びであるかどうかは疑問が残る。この考えが『論語』を読んだことにより初めて得られたものかどうかについては十分な検証を行うことができなかった。ここからは反省なのだが、この学習者に限らず『論語』の評価について十分に批評文として表現できた学習者はいなかった。学習者が作成した批評文の内容に対して様々な声掛けを行ったが、その問いに対して明確な答えを表現できたものを確認することはできない。ここから本単元の「思判表」に関する評価規準の設定に課題があったことがわかるものの、古典との対話もまた学習内容として重要なものであるため、これをどのように扱うかは慎重な検討が必要である。実践上は5、6時間目を批評文の作成として、この段階での批評文から「思判表」に関する総括的評価を行った。

また、6時間目終末部において振り返りシートの作成を学習者に指示した。振り返る内容は、「本単元の目標に対する到達度」ならびに「学習を進める上での課題や克服するために調整した内容」とした。先述した反省に関連して、学習者に対するアンケート「本単元の目標に対する到達度」の項目に「初めは理解できなかったが、指導者に問いを投げかけられて『批判的に捉える』という意味がわかった」と述べた学習者が二割程度おり、間接的にではあるが指導者を介して『論語』との反復的な対話を行えたものを一定数確認できた。これを踏まえると、単元の目標として『論語』の価値について批判的に考えを深めることを挙げていたため、これが達成されるまでもう1時間程度の時間的猶予を設けるべきであったと反省している。指導者の反省はさておき、これら学習内容に対する振り返りシートの記載から「主態」の自己調整的態度に関わる総括的評価を行った。以上が学習指導の実際である。

5 まとめ・考察

本節では単元後に学習者へ行ったアンケート結果を中心に実践上の成果と課題を整理する。これまで記述した内容と重複する部分もあるが、本単元における成果と課題は次のとおりである。

■成果

（1）実社会に開かれた学習活動により学習者の主体的かつ深い学びを成立させることができた

（2）学習者が古典から得た情報を実社会とつなげて活用する能力を養うことができた

■課題

（1）学習者と古典との対話的学びや批判的検証を成立させることができなかった

（2）単元で扱った「知技」を定着させることができなかった

■学習者による各目標に対する到達度の自己評価

（1「未達成」 2「部分的に未達成」 3「やや達成できた」 4「達成できた」 5「十分達成できた」）

（「知技」）【平均3・33】

1：1名（1％）　2：9名（14％）　3：25名（40％）　4：21名（33％）　5：5名（8％）
（「思判表」）【平均3・46】
1：0名（0％）　2：13名（20％）　3：17名（27％）　4：21名（33％）　5：10名（16％）
（「主態」）【平均3・56】
1：1名（1％）　2：3名（4％）　3：26名（41％）　4：23名（37％）　5：8名（12％）

■単元の内容に目標を達成するための適切な構成や支援があったか
（1「なかった」　2「少なかった」　3「ややあった」　4「あった」　5「十分にあった」）
（1次）1：0名　2：9名　3：21名　4：25名　5：6名【平均3・46】
（2次）1：1名　2：7名　3：17名　4：31名　5：5名【平均3・52】
（3次）1：0名　2：4名　3：23名　4：29名　5：5名【平均3・57】

成果の一つは「実社会に開かれた学習活動により学習者の主体的かつ深い学びを成立させることができた」ことである。学習者に対するアンケート結果を確認すると、2次で「抽象的な『論語』の内容を実社会の出来事と比較して具体化することができた」と、肯定的に評価する回答が最も多かった。『論語』の内容は解釈の余地が残されている一方でその抽象的な内容の理解を課題とする学習者も一定数存在する。本単元の学習活動はそのような学習者の課題に対して効果的に理解を深められていることが明らかとなった。また、1次に対して「古典の意味調べではなく、解釈しようとすることが新鮮で理解が深まった」という回答もみられた。先人たちの訓詁注釈をもとにした検討を行う中で言葉に対する鋭敏な感覚を涵養できたかどうかは十分なデータが得られてはいないが、多様な解釈を成立させていくという学習活動そのものに魅力を感じ、理解を深める学習者がいたことは間違いない。これを裏付けるものとして、学習者の多くがアンケートに「辞書を引いて漢字と向き合うなんて久しぶりだった」と回答しており、「古典の意味調べが宿題であるとスマホで教科書の単語がまとめられているページを見て終えていた」と回答する学習者もいたことが挙げられる。古文漢文の入門期においては授業内で字義と向き合う時間を確保することで学習者が主体的に解釈を作成し、深く理解することに繋がっていくだろう。

さらに、学習者に対するアンケート結果における「主態」の自己評価欄に「古典の価値を再認識した」という記載も散見された。古典を実社会とつなげることは本単元の重要な枠組みではあるが、古典そのものに対して価値を見出す学習者が複数いたことは副次的な効果として挙げられる。一方で、学習者が『論語』の価値について無批判に受容してしまったことも可能性として考えられるが、ひとまずは成果としてまとめたい。本単元では多くの学習者が『論語』を通して実社会の出来事を見つめる経験を重ね、自分の考えを広げ深めることができた。

二つ目の成果は、「学習者が古典から得た情報を実社会とつなげて活用する能力を養うことができた」ことである。学習者に対するアンケートの結果には「孔子に実社会の生き方を教えられた気がする」といった回答も数多くみられた。この回答の意図を確認したところ「どの内容も実社会に繋がるからやられた感じがした」と述べていた。学習者は『論語』と実社会を結びつけることについて、指導者による仕掛けによって達成できたと感じているようであったが、批評文の題材を決定する際にはC評価の学習者以外へ指導者の支援はほとんど行っていない。多くの学習者が自らの力で『論語』と実社会をつなげて活用することができたのである。本単元の構造により学習者が古典から得た情報を実社会とつなげて活用する能力を養うことができた成果として受け止めたい。

また、学習者がアンケートに「言葉は重く人を改心させることができて有用であると理解した」ことや「当たり前のことでも言葉にするとすごく大切なことだとわかった」ことなどを「主態」が養われた理由として述べていた。古典から得た情報を活用しようとする学習活動を経たことにより、言葉の価値について考えを持った学習者が生まれたのだと私は推察しており、古典を解釈する能力に加えてこのような姿勢が養われたこともまた成果の一つとして挙げられよう。

学習者に対して実施したアンケート結果では、「知技」について約81％が達成を実感しており、「思判表」については約76％が達成を実感している。観点別学習状況の評価を行った結果は、「知技」におけるB評価以上の生徒は80％程度であり、「思判表」におけるB評価の生徒は70％程度と自己評価と指導者による評価がおよそ一致している。これら評価における整合性から、本単元でねらいとしていた「内容や解釈を根拠にして自分の知見と結びつけ、実社会の出来事に対して考えを広げたり深めたりする」こと、ならびに「言葉を通して他者や社会に関わろうとする」ことについて、学習者に十分身につけさせることができたと判断する。本単元で設定した目標はいずれも、学習者が古典に対して主体的に学習する素地の形成となる内容である。つまり、本単元の内容は「言語文化」の導入ないしは漢文を学習するはじめに扱う際に効果的な内容になると考えられる。これまで確認したとおり、学習者は古典への価値を再認識したり、古典の解釈を主体的に行える楽しさについて言及したりと、学習意欲の高まりを多かれ少なかれ示している。古典は実社会に生きる私たちにも有用であり、つながりがあるという実感を持たせることで、以降の主体的に学び向かう態度が養われていくのではないだろうか。

一方で課題の一つとして挙げられるのは「学習者と古典との対話的学びや批判的検証を成立させることができなかった」ことである。学習指導の実際でも述べたが、『論語』の評価について十分に批評文として表現できた学習者はいなかった。学習者が個々に古典との反復的な対話を行えているのだと感じるが、それを学習上の成果物として顕現させることは叶わなかった。加えて、導入から『論語』の現代における価値を示唆し続けていたため、学習者全体の傾向として無批判で受け入れてしまった様子も見受けられる。この課題に対する授業改善として、具体的な支援方法について検討したい。

今後試したいのは、以降の単元で漢文に限らず、古典を批判的に読む学習活動を取り入れることだ。古典作品について、通説の価値以外の新たな価値を学習者から引き出すような展開を取り入れることで、古典との対話的学びや批判的検証を成立させることができると考えられる。これは指導者から提示される観点だけでなく、本文を詳らかに読み、自ら新たな観点を見つけ出す姿勢を習慣化させることが目的である。今後は無批判に学習材を受け入れず、自身で作品の価値について考えを深められる姿勢を学習者に身につけさせていきたいと考えている。

二つ目の課題は「単元で扱った『知技』を定着させることができなかった」ことである。学習者に対するアンケートの結果に多くみられたのは「知技」の内容に関して「複数の意味をまとめることで理解が深まったものの別の単元で使えるかと言われたらできない」というものであった。本単元では学習した内容に対するペーパーテストを実施しておらず、学習者は『論語』の解釈を行う段階でも批評文を作成する段階でも常に字義を確認できる状態であった。これについて振り返って感じることは、学習者に「知技」が定着していることを判断する方法を私が持ち合わせていないことである。極限的にいえば、語義の訓詁注釈を行うことは根拠をもって物事を多角的に捉える思考力の現れであり、語義そのものを記憶することが目的ではないかもしれない。しかし、今後は学習者が授業外で反復的に学習を繰り返して定着することに頼るのではなく、単元内で行える具体的な改善策や手立てを開発および提案することを課題に取り組んでいく。

【引用文献・参考文献】
・伊崎孝幸（２０２２）「国語教育における『論語』の教材価値について―解釈の多様性を手掛かりとして―」『教育実践学研究：山梨大学教育学部附属教育実践総合センター研究紀要27』山梨大学教育学部附属教育実践総合センター。
・文部科学省（２０１８）『【国語編】高等学校学習指導要領（平成30年告示）解説』。

11 現代的な「古典分野」の授業②

色彩表現から漢詩を読む

藤澤 慎司
（北海道科学大学高等学校教諭）

1 「読む領域」および「漢文分野」について・単元の背景

新学習指導要領が施行され、高校国語の授業の方針についても変更が加えられた。現代の国語では「書くこと」の指導に比較的多くの時間を割き、「言語文化」では圧倒的に「読むこと」に多くの時間を割くことが求められるなど、各科目でそれぞれ主として身につけることが要求されている能力があることは明確である。古典においてはどうだろうか。新指導要領の「思考力、判断力、表現力等」の項目にあるように、従来通り「読む能力」の育成に重点が置かれている。つまり古典の授業においては「読む能力」を効果的に育成する手立てが求められていると考えてよいだろう。

ところで、従来の「古典A・B」と「古典探究」の学習指導要領「読むこと」を比較するとどのような違いが見られるだろうか。

例としてア〜エを挙げ、追加された部分には傍線を引いた。

【構造と内容の把握】
ア　文章の種類を踏まえて、構成や展開などを的確に捉えること。
イ　文章の種類を踏まえて、古典特有の表現に注意して内容を的確に捉えること。
【精査・解釈①】
ウ　必要に応じて書き手の考えや目的、意図を捉えて内容を解釈するとともに、文章の構成や展開、表現の特色について評価すること。
【精査・解釈②】
エ　作品の成立した背景や他の作品などとの関係性を踏まえながら古典などを読み、その内容の解釈を深め、作品の価値について考察すること。

傍線部を見ると、①文章の種類を踏まえること、②古典特有の表現に注意すること、③書き手の考えや目的、意図を捉えて内容を解釈すること、④文章の構成や展開、表現の特色について評価すること、⑤作品の成立した背景や他の作品などとの関係性を踏まえながら読んで内容への解釈を深めること、が追加されていることがわかる。「ア」～「エ」は「オ」以降の【考えの形成・共有】の目標を達成するための基礎となる部分が多いが、まさにこの基礎となる（重要な）部分においても先に挙げた①～⑤を踏まえた効果的な授業を考える必要がある。さて、これらの「読む能力」の育成に適した教材にはどのようなものがあるだろうか。ここで一つ、漢詩を提案したい。漢詩には起承転結という特徴があるため、句または聯という形で構成や展開が視覚的に理解しやすい点や対句や数詞を用いた誇張表現などの古典特有の表現について注意して読むことができる点、作詩の背景や詩題などと内容を関連づけて読むことで書き手の考えや目的を考えることができる点、一作品が比較的短いため複数の作品を比較しやすい点が生徒の「読む能力」を身につける点で有効であろう。

さらに強調したい点として「色対」がある。「色対」とは色彩表現を用いた対句のことである。色彩表現は作品の内容を象徴することもあれば筆者の心情に直接的に関わることもある。加えて「対句」となることで漢詩の構成を捉える一助となるのみならず、「なぜその二色なのか」といった筆者の考えや意図に触れるような新たな問いにもつながる。つまり色彩表現を含めた「色対」に着目して漢詩を読解することは書き手の心情や表現の特色などを捉える手立てとなり、先に挙げたア～エを達成することにつながると考えられる。

以上のことを踏まえ、色彩表現（色対）に着目して読解する授業を提案する。

2　学習材観

今回の取り組みでは言語活動に入る前に以下の①～④を扱って漢詩の読解を行い、押韻・対句といった漢詩の基本的な決まりを確認した。そして⑤～⑦を言語活動の課題として扱った。なお①杜甫「絶句」は言語活動の導入部分⑤でも扱った。

> ①⑤杜甫「絶句」
> 江碧鳥愈白　江碧にして鳥愈白く
> 山青花欲然　山青くして花然えんと欲す
> 今春看又過　今春看す又過ぐ
> 何日是帰年　何れの日か是れ帰年ならん

前半二句（起・承句）で春の生き生きとした自然が映し出され、三句（転句）目で詩人の内面に視点が移り変わり、なかなか故郷へ帰ることのできない思いをうたう。色対については前半二句の「碧」や「白」、「青」、「然（赤）」といった自然の色鮮やかな描写が特徴的である。この点に着目してみると「碧（長江の濃い緑）」と「青（新緑の黄緑）」、「白」と「然（赤やオレンジといった炎を連想させる濃い色）」の対比が見られる。さらに、前半二句と後半二句では自然の生き生きとした様子と年老いていく詩人の姿が対照的である。

②李白「峨眉山月歌」（峨眉山月の歌）

峨眉山月半輪秋　峨眉山月半輪の秋
影入平羌江水流　影は平羌江水に入りて流る
夜発清渓向三峡　夜清渓を発して三峡に向かふ
思君不見下渝州　君を思へども見えず渝州に下る

前半二句は峨眉山にかかる明るい秋の半月が平羌江の水面に映って川に流れるという幻想的な描写となっており、最後は旅に出る詩人が「君」の姿を見ないまま（それは故郷の知人か、はたまた故郷から見えていた峨眉山にかかる月か）、故郷から遠ざかる渝州へ下っていくことを詠う。李白が故郷から離れて旅に出たときのものであることを踏まえ、「君を思へども見えず」に着目して読むことで故郷を離れる詩人の寂しさを読み取ることにつなげられる。

③白居易「除夜寄弟妹」（除夜弟妹に寄す）

感時思弟妹　時に感じて弟妹を思へば
不寐百憂生　寐ねられずして百憂生ず
万里経年別　万里経年の別れ
孤灯此夜情　孤灯此の夜の情
病容非旧日　病容旧日に非ず
帰思逼新正　帰思新正に逼る

早晩重歓会　早晩重ねて歓会せん
羈離各長成　羈離《きり》各長成す

詩人が1年の終わりに弟妹へ思いを寄せる詩である。数々の心配や家族と離れて生活する自身の孤独などを抱えながらも再会を楽しみにしている詩人の心情が描かれている。「孤灯」という表現からは「灯り」という物を通して筆者の孤独な心情を表現する工夫を読みとることができる。

④陸游「遊山西村」（山西の村に遊ぶ）
莫笑農家臘酒渾　笑ふこと莫かれ　農家の臘酒の渾れるを
豊年留客足鶏豚　豊年なれば客を留むるに鶏豚足れり
山重水複疑無路　山重水複路無きかと疑ふに
柳暗花明又一村　柳暗花明又一村
簫鼓追随春社近　簫鼓追随して春社近く
衣冠簡朴古風存　衣冠簡朴にして古風存せり
従今若許閑乗月　今より若し閑に月に乗ずるを許さば
拄杖無時夜叩門　杖を拄きて時と無く夜に門を叩かん

詩人が故郷の山中の村へ出向いた時のことをうたったものである。そこで暖かく出迎えてくれた農家の人々や祭といった昔ながらの素朴な伝統に対して肯定的な思いをうたう。頷聯の「柳暗」と「花明」は対句の形をとっていないものの、対比を意識して作られていることは明確である。陰を作るように生えている柳と光が当たるように明るいところに植えられている花という対比は人の存在をうかがわせ、道がないかと疑われたところに人々が住む「又一村」があることにつながっている。

⑥李白「宮中行楽詞八首　其二」（宮中行楽詞八首　其の二）

柳色黄金嫩　柳色黄金のごとく嫩《わか》く
梨花白雪香　梨花白雪のごとく香《かんば》し
玉楼巣翡翠　玉楼に翡翠巣くい
金殿鎖鴛鴦　金殿に鴛鴦を鎖《とざ》す
選妓随雕輦　妓を選びて雕輦《ちょうれん》に随《したが》わしめ
徴歌出洞房　歌を徴して洞房を出でしむ
宮中誰第一　宮中誰か第一
飛燕在昭陽　飛燕昭陽に在り

李白が初めて玄宗皇帝の宮殿を訪れたときのことをうたった詩である。皇帝の権勢が描かれ、傍にいる楊貴妃は「飛燕」という漢代の美女に擬えられている。首聯で「黄金」のようにつやのある若々しい「柳」と「白雪」のように真っ白で美しい「梨花」という色彩表現によって対句がなされており、それぞれが玄宗と楊貴妃の比喩となっている。また2人を高貴で美しいものとして描くことは、本詩全体に流れる詩人の称賛の意につながる。初めて召された時に感じた宮殿の壮麗さと玄宗皇帝の権威を称える思いから導き出された表現であるといえるだろう。

⑦何遜「相送」（相送る）

客心已百念　客心已に百念
孤遊重千里　孤遊重ねて千里
江暗雨欲来　江暗くして雨来らんと欲し
浪白風初起　浪白く風初めて起こる

旅人の不安や孤独な心情をうたったものである。見送られて旅に出た詩人の胸中には様々な不安（百念）があり、自身の旅を孤独な旅（孤遊）であると表現する。この心情を写したかのように三句目では暗雲が立ち込める空を映した「暗」い長江と、四句目では風が吹き始めて「白」く泡立つ波が表現されている。色彩表現が、この詩全体の雰囲気と密接に結びついていることを読み取ることができる。

3 指導計画・言語活動案

○「漢詩の基本を理解し、色彩表現に着目して漢詩を読解する」

1 **単元名**　「漢詩の鑑賞」

2 **目標**

・語彙を増やすとともに文章の照応や構成、展開などへの理解を深める。**【知識・技能】**

・文章の特徴を踏まえ、構成や表現の特色を理解・評価し筆者の心情や意図を理解する。**【思考力・判断力・表現力】**

・語彙を増やすとともに文章の特徴を踏まえ、構成や表現の特色を理解・評価し、筆者の心情や意図を理解しようとする。**【主体性】**

3 **実施の流れ**（7時間配当）

□第1～4時限

①教員から生徒に問いかけながら以下の漢詩を読解し、漢詩の基本を確認する。

第1時限…杜甫「絶句」	第2時限…李白「峨眉山月歌」

第3時限…白居易「除夜寄弟妹」　第4時限…陸游「遊山西村」

□第5～7時限

①ワークシートを配り、色彩表現に関わる4つの着眼点を提示し、説明を加える。

②①で示した着眼点に沿ってグループや個人で以下の漢詩の読解を行う。

第5時限…杜甫「絶句」	第6時限…李白「宮中行楽詞八首　其二」
第7時限…何遜「相送」	

③生徒の疑問を全体に共有しながら読解を促す。

4　言語活動案

□「色彩表現に着目して漢詩を読解する」

第1～4時限で確認した漢文の決まりや語彙を基盤として読解を行う。その際に色彩表現（色対）に関わる以下の着眼点を示し、それに沿って読解するように指示した。なお、【例】は本稿で各着眼点を説明するために付したものであり、生徒には示していない。

ⓐ類似・対比…使われている色のイメージが作品全体に流れているか。または対照的か。

【例】杜甫「絶句」における前半部分の「自然の生命感（ポジティブなイメージ）」と後半部分の「故郷へ帰りたくても帰れず落ち込む心情（ネガティブなイメージ）」との対比。

ⓑ比喩…色彩表現を用いて心情や人物などを比喩していないか。

【例】李白「宮中行楽詞　其二」の首聯で玄宗皇帝を「黄金のように若くてつやつやした柳」に、楊貴妃を「芳しく白い梨の花」に喩える比喩表現。

ⓒ同句内の関連…なぜその色彩表現になるのか。同句内でのつながりは見出せないか。

【例】何遜「相送」の三句目「江」が「暗」いのは後に続く「雨」が「来たらんと欲す（降りそうな）」空模様を映しているからで、「浪」が「白」く泡立っているのは「風」が起き「初」めたからであるといった同句内での内容のつながり。

ⓓなぜその色を使うのか…なぜその色の組み合わせなのか。

【例】杜甫「絶句」の一・二句目における「碧」と「青」は「長江の濃い緑色」と「新緑の薄い緑（黄緑）」の濃淡を表現している。

5　評価規準

・語彙を増やすとともに文章の照応や構成、展開などへの理解を深められたか。【知識・技能】

・色彩表現や構成、展開、詩人が置かれた状況などを踏まえて詩人の心情を読み取って漢詩を解釈することができたか。【思考力・判断力・表現力】

・色彩表現や構成、展開、詩人が置かれた状況などを踏まえて詩人の心情を読み取って漢詩を解釈しようとしたか。【主体性】

4　学習指導の実際

第1時限から第4時限までで五言・七言絶句、五言・七言律詩を扱い、押韻や語句の意味、場面の転換、対句などを採り上げ、漢文の基本を確認した。特に起承転結については重ねて言及することで、生徒の構成の理解を促し、読解の手立てにできるように意識した。また基本的にははじめに書き下し文を書かせ、生徒に問いかけながら内容を確認する授業を行った。なお視覚的にも理解できるように必要に応じてスクリーンに画像を映して説明を行った。以下が問いの内容である。

【第1時限　杜甫「絶句」】

①まずは杜甫という人物ですが、中学校で習っていると思いますが中国のいつの時代の詩人でしょうか。

②江とありますが中国の有名な幅の広い川を指します。何という名前の川でしょうか。

③「碧」は「みどり」ですが濃いですか。薄いですか。(春の長江をスクリーンで映しながら)

④「愈《いよいよ》」を平仮名4字でどのように言い換えられますか。

⑤「山」が「青」いですが、これは濃いですか。薄いですか。ヒントは今、「春の新緑が山を覆っています」。

⑥さきほど確認した「碧」と、この「青」はどんな関係にありますか。

⑦「然」とは何色だと思いますか。

⑧「欲す」とはどのような意味だと思いますか。「～したい」気持ちがあふれてしまっている感じだと考えてみましょう。

⑨「看」から杜甫のどんな気持ちが表れていそうですか。ちなみに「みすみす」は「悪い結果に繋がりそうだけどどうしようもないさま」を指します。

⑩「何れの日」とはどういう意味でしょうか。

⑪「帰年」とはどこに帰る年でしょうか。詩人がよく詩にする内容です。

⑫作品を読み通しましたが筆者の心情が強くかつストレートに表されているのはどの句でしょうか。ちなみに、この時の杜甫は各地を転々として故郷に帰れない、という状況下にいました。

⑬漢詩には作者の工夫がなされています。その一つが「押韻」ですね。ちなみに韻は最後の音で踏みますよね。さて、この詩でも押韻がされていますがどの漢字と、どの漢字でしょうか。

⑭似ている句がありますよね。このように似ている二句を「何句」というでしょうか。

⑮漢詩の構成について最後に言及したいと思います。この四句ですが、「起○○○」という構成になっています。○に何という漢字を入れますか。

【第2時限　李白「峨眉山月歌」】

①「峨眉山月」とはどんな月でしょうか。「峨眉山にかか○月」の○にどんな言葉を入れますか。

②「半輪」とは月がどういう状態であることを指しますか。

③「影」はある漢字一字と互換可能ですが、どの漢字でしょうか。二つは逆の関係ですね。

④「影」が流れるとはどんな状況でしょうか。「影」が流れるというのは少し変な感じですが。

⑤教科書の最後のページにある中国地図を見てみましょう（「中国地図」の画面をスクリーンに映す）。李白はどこからどこへ向かったのか地図上に示してください。

⑥「君」とは誰を指すと思いますか。〈生徒の返答〉。そうですね。家族かもしれませんね。他の意見はどうですか。〈生徒の返答〉。はい。友人もあり得ますね。この「君」というのは今、2人が答えてくれたように誰か「人」を指すことがまず考えられますよね。ただ「峨眉山月歌」ですから、「君」というのが故郷の月という読み方もあります。多様な読み方ができる作品です。

⑦押韻を確認しましょう。前の時間でも確認しましたが、韻は最後の一文字で踏みますよ。

⑧これも前の時間で確認しましたが、似たような句が並んでいますね。これを何といいますか。

⑨一通り読解をしましたが、最後に構成について考えてみましょう。杜甫の「絶句」のときはどのような構成だ

ったでしょうか。漢字四字で答えてください。〈生徒の返答〉。そうですね。「起承転結」でした。そして、それを今回の八句に当てはめると二句ずつがそれぞれ「起」「承」「転」「結」に当たります。そして、今回皆さんに知って欲しいのは「聯」という考え方です。難しい漢字ですが、それぞれの二句を頭から「首聯」「頷聯」「頸聯」「尾聯」と呼ぶので覚えてくださいね。

【第3時限　白居易「除夜寄弟妹」】

①「除夜」とはいつを指しますか。皆さんも前の「除夜」は家で家族とゆっくりしていたかもしれませんね。

②「時に感じて」の「時」とはいつでしょうか。タイトルに「時」を表す言葉がありましたね。

③「百憂」とは何でしょうか。脚注を参考に答えてください。〈生徒の解答〉そうですね。ちなみに脚注からもわかるように漢文の「百」や「千」は多さを表す誇張表現であることが多いですね。

④「万里」と「経年」はそれぞれ何と何を指しますか。算数の計算「き・は・じ」に全て入っていますね。

⑤「孤灯」は一つの何でしょうか。〈生徒の返答〉。そうですね。では、これは何を表していると考えられますか。「孤」という漢字や「万里経年の別れ」、白居易の心情などを頼りに考えてみましょう。〈生徒の解答〉少し難しかったですね。では、彼の心の比○としましょう。○に入る言葉は何でしょうか。

⑥「旧日」とは何でしょうか。「旧」の字がヒントですね。漢字一字で答えるとどうですか。

⑦「帰思」とはどこへ帰りたい思いですか。杜甫「絶句」でも出てきましたよ。

⑧「歓会」とはどんな会ですか。「歓○会」って言葉もありますよね。

⑨「重ねて」とは一回ですか。それとも複数回ですか。

⑩「各」とは誰を指しますか。後に「長成」つまり「成長」する人たちですね。

⑪全体を踏まえて筆者の心情を考えてみましょう。詩題も参考にすると誰にあてた思いがありそうですか。

⑫押韻を確認します。どの字とどの字が押韻していますか。

⑬最後に対句の確認です。今までは四句の絶句を扱っていましたが、今回は八句の律詩です。それに伴い、実は対句になる句が増えています。この前確認した「聯」という言葉を使って説明してみましょう。

【第4時限　陸游「遊山西村」】

①「笑ふこと莫かれ」とはどういう意味ですか。古典文法的に言うとク活用形容詞「なし」の命令形ですね。

②「臘酒」とはどんなお酒ですか。脚注を頼りに答えてみてください。〈生徒の返答〉。そうですね。当時のことを考えてみると農家で作る酒は今に比べて醸造技術が劣りますし、そんな簡単に作れるものではなかったわけで美味しいお酒ができるとは限りませんよね。そんな貴重なお酒を飲ませてもらっている状況なわけです。

③「鶏豚」とは何のためのものですか。同句内にその答えがありそうですね。

④「山重」とありますが、山のどんな様子を表しているでしょうか。

⑤そんな険しい山道を歩いてきているわけですが、陸游は何を疑っていますか。

⑥「柳暗」とは「柳」がどのような様子になっていることを指しますか。

⑦「花明」とは「花」がどんな様子で咲いていることを指しますか。〈生徒の返答〉。いい答えですね。花に日が当たって咲いている様子、そうかもしれませんね。色はどうでしょうか。どんな色だと思いますか。〈生徒の返答〉。そうですね。「明るい色」かもしれませんね。

⑧陸游は山道を歩いて何を見つけましたか。

⑨さあ村に着きましたが、何が行われていましたか。もしくは何が行われようとしていましたか。

⑩さきほどの答えと関連しますが何が「追随」、つまり追いかけ合うのですか。

⑪「衣冠」とは何のためのものでしょうか。「衣」は衣服、「冠」はかんむりですが。

⑫「箇朴」とはどんな様子を指すでしょうか。こういう場合は「箇」を使った二字熟語と「朴」を使った二字熟語を考えて意味をくっつければいいです。
⑬陸游はこの村の文化全体を何という言葉で表していますか。漢字二字です。
⑭「月に乗ずる」とはどういう意味でしょうか。例えば、きれいな月が出たらどうしたくなりますか。
⑮「門を叩かん」とはどういう意味でしょうか。古文の助動詞「ん」が使われていますね。皆さんはすぐに打消「ず」の連体形「ぬ」を思い浮かべがちですが、「ん」ですからね。打消ではありませんよ。
⑯「時と無く」つまり、「随時」村人の家の門を叩こうとするわけですが、陸游はこの村に対してポジティブに捉えているか、それともネガティブに捉えているか、どちらでしょうか。
⑰一通り読解しましたが、この詩の詩形は何でしょうか。漢字四字で答えてください。
⑱対句はどの聯でなされていますか。この前扱った白居易の詩と同じですよ。
⑲実は律詩でありながら白居易の詩よりも押韻の字が一字多くなっています。さて、どの字でしょうか。

以上のように1～4時限を行ったが、問いかけるうえで意識していたのは、後の言語活動につながるようにということである。例えば、第1時限「絶句」の⑥が言語活動で扱うⓓ「なぜその色を使うのか」に関わる問いであり、第3時限「除夜寄弟妹」の⑤がⓑ「比喩」、第4時限「遊山西村」の③～⑤の問いがⓒ「同句内の関連」に関わる問いになっている。

○色彩表現に着目して読解する

【第1時限　杜甫「絶句」】

杜甫「絶句」に見られる色彩表現を引き合いに出し、その効果や意味について言及した後、色彩表現について以下の着眼点を用いて読解を進めるように伝えた。また、そのときの説明の内容も載せる。

【ⓐ対比・類似】

「赤はどんなイメージでしょうか。エネルギッシュな感じがしますよね。エネルギッシュさが作品中を貫いていれば『類似』で、一方で、エネルギッシュさがなければ『対比』です。」

【ⓑ比喩】

「詩中にエネルギッシュな赤い花が出てきて、さらに詩中の人物がエネルギッシュな気持ちであれば、それは赤い花が人物の心情の比喩であるということができます。」

【ⓒ同句内の関連】

「句の前半と後半が何かしらのつながりを持ちます。例えば、五言詩であれば前半二字が後半三字の原因・理由になっていたりする、というものです。」

【ⓓなぜその色を使うのか】

「例えば、白と黒が対になっていたら、それは正反対の色を使う工夫をしたということですね。」

杜甫「絶句」については漢詩の授業の1時間目で扱ったものであるということとノートに読解のヒントがあるということ、そして【ⓐ対比・類似】については比較的取りかかりやすいと全体に伝えた。また活動が活発になるように座席を自由に移動してグループを組み、読解してもよいと伝えた。

活動が始まると多くの生徒がグループを組んで取り組み始めた。少数ではあるが、一人で活動を始めた生徒もいたため、その生徒たちをあらかじめ把握しておき、できるだけ多く声掛けをした。また机間巡視をしながら生徒への疑問に答えたり、生徒の会話の中から読解のカギとなる疑問点を採り上げて全体へ周知したりした。例えば、なかなか読解が進んでいないグループがあれば、「○○君は前半の句からはどんなイメージを思い浮かべますか。」という問いかけや、生徒の答えを受けて「後半のイメージとはどんな関係にあるでしょうか。同じようなイメージですか、逆のイメージですか。」という問いかけを行い、【ⓐ対比・類似】について考えさせた。

【ⓑ比喩】については「青」や「碧」といった色が「春」の比喩ではないか、という意見が生徒から出た。その場で「良い読み方ができている」ということと、次の時間の始めに全体で採り上げさせて欲しいと伝えた。

【ⓒ同句内の関連】については悩んでいる生徒が多くいたため、「長江の色と鳥がますます白いのはどんな関係があるでしょうか。実際に頭の中でイメージして考えてみてください」という問いかけを行い、生徒の「長江の色が濃い緑色だから鳥がよりいっそう白く見える」という意見に対して「実は今、言ってもらったことが着眼点のどれかに当てはまります。このように句の前半と後半が何かしらの関係性を持つ、というのはどの着眼点に当てはまるでしょうか」というように全体で採り上げ、読解を促した。

【ⓓなぜその色を使うのか】については比較的多くの生徒が書けていた。この詩について「青」と「碧」には色の濃淡があるということ、そして、「白と然」については白と赤の色の対比があるということを説明していたため生徒の活動が促せた。

第1時限の目的は生徒が漢詩を読解する過程でⓐ～ⓓの着眼点について理解を深め、後の言語活動で読解を進められるように促すことと漢詩の読解に対して苦手意識を持たないように幅広い発想が許されることを示すことであった。そのため机間巡視をしながら生徒との問答の中で出てきた疑問についてはヒントを与えながら、時には全体で解答を共有しながら理解が進むように促した。時間としては30分ほどである。また、生徒の解釈を否定せずに認めるとともに、それを読解に繋げられるような声掛けを行った。なお生徒の解答については毎時間、生徒が持っているiPadでワークシートの写真を撮影し、アプリを通じて提出させ、次の授業で採り上げられるようにした。

【第2時限　李白「宮中行楽詞」】

はじめに言語活動の内容とⓐ～ⓓの着眼点の説明を行い、生徒の前回の授業の解答をスクリーンに投影して採り上げた。適切に読めているものや惜しい解答などⓐ～ⓓの着眼点についてそれぞれ一つずつ扱った。惜しい解答については、その解答の良いところを示すとともに他にどのような要素を考慮して考えればさらに良い解答になるかを説明した。また、古典の成績があまりふるわない生徒の解答をできるだけ採用することも心がけた。生徒の解答の良いところを評価し、活躍する場面を増やすことで授業に対するモチベーション向上につながると同時に、惜しい解答も採り上げることで古典に対する苦手意識を少しでも薄めることができると考える。また、この言語活動では着眼点について理解を深めることが授業の目標達成に大きく関わるため、前時に欠席した生徒がいるクラスでは振り返りを丁寧に行った。

前時の振り返りを終えて本時で扱う詩について説明した。本詩は律詩ということもあり、字数も比較的多く、理解が難しい語も多くあるため語注を付けた。また、李白が初めて玄宗皇帝に召されたときの漢詩であり、玄宗皇帝には絶世の美女である楊貴妃が付き添っていたことにも言及し、作詩の背景を踏まえて読解ができるようにした。

活動が始まると前時と同じグループ、または個人での取り組みが始まった。机間巡視をしていると「柳の色は何色か」という問いが出ているグループがあったため、どのように話し合いが展開するか、しばらく様子を見ていた。iPadで柳の色を検索し、緑色であることがわかったようであったが、それから話し合いが進んでいなかったため進捗状況を聞いた。生徒から柳は緑色であることがわかったという点を引き出してから、「では、『黄金』のごとく、つまり、黄金のようだ、というのはどういうことですか。緑色ではないのですか」と問うと、「確かに。黄金ってことは枯れている？　古い？」という答えが出たので、さらに、「ここに『嫩《わか》い』とありますね。『嫩い』

はヤングの『若い』ですよ。なんだかちぐはぐですね」というような答え方をすると生徒たちが考え始めていた。そこで、読解のヒントになるやりとりであると判断したため採り上げて同じ問いかけを全体に投げかけた。

また机間巡視していると、生徒から本詩に使われている「柳」「梨」「雪」はそれぞれ「夏」「秋」「冬」を表現しているのではないか、という質問がなされた。私はその場ですぐに答えが出せなかったため、なるほど、としか言えなかったものの、生徒が発想豊かに思考していることがわかった。その生徒はiPadで「柳」「梨」「雪」のそれぞれの季語を調べていたのである。文学の授業でこのような場面は時としてあるが、無理に適切な読みに誘導しなくても良いではないかと思うこともある。教師としては色彩表現に着目して「柳」は玄宗皇帝で「梨」は楊貴妃であることを読みとって欲しいのではあるが、生徒たちが一生懸命に考えて答えを導き出そうとした過程や結果を否定するべきではないと考える。

【第3時限　何遜「相送」】

はじめに前時の振り返りを行った。その中で「鴛鴦・翡翠」を玄宗・楊貴妃のつがいと捉えている生徒の解答と「白雪」を楊貴妃の比喩であることを読み取っている答案を採り上げ、それぞれの答案が「ⓑ比喩」の着眼点で読めていることを確認した。そして、「本詩の色彩表現にはもう一つ比喩が見られますね。どこでしょうか。楊貴妃が喩えられているわけですから…」とあえて言葉を濁した。そして、「どうですか」と問いかけ、生徒に発言を促し、「柳」も玄宗皇帝の比喩であるということを確認した。この時、生徒たちの中には「黄金の柳」が玄宗皇帝の比喩であることを知り、目を大きくして驚いている生徒もいた。このように生徒同士の答案を繋げて新たな気づきや驚きを生むものとして活用できれば、生徒たちは自分たちの学習活動に価値を感じることもできるだろう。また授業の内容を考える際に生徒の予想を超えるか超えないかの微妙なラインの問題設定を行い、最後には驚きや新たな気づきを生むようなオチを設定することも大切であると考える。

なお「ⓐ対比・類似」については「キラキラ・豪華なイメージが続いている」という答案と「初めて宮殿にやってきてワクワクした感じ」という二つの答案を提示し、「豪華」で「キラキラ」した宮殿に初めてやって来た李白の「ワクワク」とした心とはつながりそうであるとまとめ、「ⓒ同句内の関連」については「柳」の緑「色」が「黄金」のように艶があって若々しく、「梨」の「花」は「雪」のように「白」く美しいということから、はじめの二字と後の三字が主述の関係であるとまとめた。「ⓓなぜその色を使うのか」については「黄金も白雪もキラキラしている」という答案と「黄金と白地という逆の色が使われている」という二つの答案を採り上げ、李白が意図してこの2色を用いたのだろう、とまとめた。

前時の振り返りが終わり、本時の活動に移った。生徒の読解が進むにつれて以下のような質問や発話がなされ、それぞれに対して次のようなや助言や反応をした。

「百念とは何ですか」…「念」は「思い」ですね。「百」については白居易の詩で漢数字を使った表現について確認しましたね。

「『孤』ってことは一人旅じゃん。」…そうですね。よく読めています。白居易の漢詩に「孤灯」という言葉がありましたね。

「欲すとはどういう意味ですか」…杜甫「絶句」で扱いましたね。「花然えんと欲す」の「欲す」と同じです。

以上のようにできるだけ授業で扱ってきた内容と関連させた。また、最後の活動で何遜「相送」を扱った理由としては比較的短いことと着眼点のすべてが活用できるということ、そして、これまで授業で扱ってきた内容と重なる部分が多かったことがある。

机間巡視をしていると「ⓒ同句内の関連」についてわからないという声が多く聞かれたため、三句目の「長江が暗いこと」と「雨が降りそうなこと」はどう繋がるか、と全体に投げかけた。生徒から「長江に暗い雨雲が映っている」という答えを引き出し、このことがⓐ～ⓓの着眼点のどれかに当てはまると伝えた。その他の着眼点については今までの授業で慣れてきた部分もあるのか自分たちで話し合いながら読解を進めていた。

最後は生徒にアンケートの記入を指示し、作品の解説は行わずに授業を終えた。提出されたワークシートを見てみると、全員が何かしらの着眼点に沿って読解を進めた跡が見られた。例えば、【ⓐ対比・類似】については、全体を通して「暗い」イメージがあり、前半と後半の「類似」の関係を読み取っている答案が多く、【ⓑ比喩】については、「雨が降り出しそうな空模様」や「荒れ始めた白浪」がネガティブな心情の比喩であると読んでいる生徒が一定数見られた。また、【ⓓなぜその色を使うのか】については「暗」を「黒」に置き換えて、「白」と「黒」の対比と捉えている回答や「暗（暗い）」と「白（明るい）」の明暗の対比と捉えている回答などが見られた。

またアンケートの内容は「漢文の特徴」、「漢文の構成や展開」、「書き手の考えや目的」のそれぞれについてわかったことを入力するというものである。その結果、「漢文の特徴」については入力者全員が回答し、「漢文の構成や展開」については118名のうち117名が回答し、「書き手の考え・目的」については118名のうち114名が回答した。以下が生徒の回答例である。

漢文の特徴について

そのときの作者の心情をその場の情景であらわしていたり、比喩などを使って遠回しに伝えようとしていたりする。絶句、律詩の種類があり、偶数句末で押韻し、律詩は一句目でも押韻する。風景、心情が描かれ、対句がある。

漢文の構成や展開について

・前後の句で内容的なつながりがあったり、前後半で内容が大きく変わったりする場合もある。起承転結の構成になっている。

書き手の考え・目的について

大胆に表現し、読み手に自分の思いをわかりやすく伝えようとしていると思った。思っている以上に作者は色々なことを考えながら書いているんだと思った。表現技法の中に伝えたい思いやその技法を選んだ理由もあるとわかった。読み手によって感じ方が変わってくるから、それで色々な考察をしてもらうのが書き手の狙いなのかもしれないと思った。

5　まとめ

まず色彩表現に注目して読解することが生徒たちの読む能力の向上に効果的に作用したことがアンケートの内容や回答数からわかった。

次に、今後の展望としては2点挙げられる。1点目は色彩表現が見られない漢詩や散文の読解に繋げる方法を考案することである。2点目は今回の取り組みを踏まえた、新指導要領の「読むこと」オ～ク（考えの形成・共有）を達成できるような応用的単元を考案することである。今回の取り組みを通じて改めて感じたことであるが漢詩には面白み（巧みに心情を表現する点や読者にその巧みさを感じさせる点、心情の共感を生む点）があり、学習者の考えに変容をもたらしたり、周囲とそれを共有したりする点において効果的な学習材である。その面白みを十分に発揮できる方法を考えていきたい。

【参考文献等】

・興膳宏（２００１）『あじあブックス　六朝詩人群像』大修館書店。
・佐藤正光（２０２１）『ＮＨＫ　カルチャーラジオ　漢詩を読む　美　こころへの響　季節の中で』ＮＨＫ出版。

おわりに

学校教育ならびに国語教育は、変革期ないし再構築期として迫られているととらえている。教採の低倍率や初任者層の早期離職、かつ、それらによる事実的展開は、本書発刊の前後の時期のみの一時的な状況であってほしいものの、この状況がすでに何年もあるというのが実態である。しかも、低倍率や早期離職が改善されたと同時に、課題の全てが解消されるわけでもない。その歪みからの課題は、何年・何十年単位で漸減していくのである。ただし、学校教育は止まるわけにはいかない。そこにおいて、「言語活動の充実」のための「要」となり、他教科・科目の実践に連携的に寄与することとなる教科国語の責務は小さくない。学校における国語教師の意味は大きいのである。

変革期となる原因は他にもいくつも考えられる。その喫緊の1つは「生成ＡＩ」の存在であり、その更新の圧倒的な速さである。「生成ＡＩ」が学校教育や国語教育にもたらすものは大きいだろう。例えば、「要約する」という「大きな言語活動」は、「生成ＡＩ」にとって非常に安易に実行できてしまうものである。「生成」の精度に課題があると喧伝されることもあるが、それは更新のたびに洗練されており、この課題の解消にはそれほどの時間がかからずに、より安易に、かつ、より精度の高い要約をするものとなるだろう。とすれば、単に「要約する」ことをさせるのではなく、「要約する」とは何をどうしたらよいのか、そして、そのことは国語の資質・能力にどのような意味や価値があるのかといったことを、学校現場において再確認、さらには、「再構築（re-construct）」すべき時期ということなのである。かつ、それ以上に、その生成物を「洗練（re-fine）」させようとの「意欲」「態度」の涵養を、教科国語のみならず、それぞれの教師ができるようになることが求められる時期ということである。つまり、国語教育とは、学校教育とは、公教育とは、といったことを再び（re-）考えていくべき時期なのだと考える。

こういったことに、理論や研究は寄与しなければならない。ただし、この課題に直面している現場教師にとっては、同じく現場で格闘しつつ前進していく現場教師の姿もまた、積極的に価値を感じるものである。実践や実践知への注目ともいえる。本書は、そういった前進を試み続けている現場教師の姿勢である。改善をしようともがく姿の記録であり、自身だけでなく仲間や後進の改善に助力したいと願う態度の発信である。それぞれの実践は完了しつつも完成したものではないが、すなわち、改善に向けての常なる洗練の途上にあるのだが、それでも、本書が多くの仲間にとって、何らかの一助になることを祈念している。そして、多くのみなさまからの、ご批正をいただければ幸いである。

最後に、この場を借りて一言、謝辞を書き添えさせていただきたい。まず、出版にあたり、細やかなご助言を下さった神戸大学名誉教授　浜本純逸先生、ならびに、北海道の高校国語を陰に日向に支えて下さっている北海道教育大学教授　佐野比呂己先生、本当にありがとうございます。また、本書企画の意味に深くご理解をいただき、出版をお引き受けいただいた学事出版と、その出版実務のお力添えをいただいた学事出版の二井豪様、本当にありがとうございます。みなさまに心からの謝意を表すとともに、その謝意の具体としてさらなる研鑽と邁進をしていくことをここに誓言するものである。

国語追究の会一同

【執筆者一覧】

＊50音順、いずれも「国語追究の会」メンバー

太田　幸夫（おおた・ゆきお）

北海道札幌手稲高等学校教諭、北海学園大学大学院文学研究科修士2年（日本近代文学の研究）、北海道教育大学札幌校非常勤講師。国語科教育において言語活動を柱とした授業づくりに関する研究と、分析批評による読みの実践について研鑽を積んでいる。

岡本　岳之（おかもと・たけし）

北海道留萌高等学校教諭。「教科書を教える」のではなく、「教科書で教える」ために、随筆をはじめ、教科書教材の分析や活用方法について考察している。他方で、語彙指導の研究もしており、学習者の文脈に焦点を当てた語彙指導の方法について検討している。

小川　耕平（おがわ・こうへい）

北海道立高等学校教諭。専門は国語教育・授業開発。高等学校国語科における教育課程の研究および実践に関心があり、日々勉強中。国語教育にて扱われる知識とスキルの関係性、それを理解した状態とは、これらについても毎日悩んでいる。

佐々木　秀穂（ささき・ひでほ）

札幌静修高等学校、北海道教育大学札幌校非常勤講師。北海道、広島県などで教員経験を積む。専門は国語教育・国語科授業改善方法論。作品を映画のように精密に映像化してイメージし、読んでいくシネマティックリーディング（Cinematic Reading）を提唱している。

塩谷　哲士（しおたに・てつし）

立命館慶祥高等学校常勤講師。元北海道立高等学校教諭。生涯の学びを支える国語、教科内外に広がるダイナミックな国語を模索して迷走すること40年。この10年は、大学入試職人の仮面をつけ、共通テスト・個別試験・小論文指導等を隠れ蓑に活動中。

高橋　一嘉（たかはし・かずよし）

北海道穂別高等学校教諭（再任用）。「現在の研究テーマ」大テーマ：「考える」力を育てる国語授業の研究　（1）手段としての双方向のコミュニケーションの研究（2）手段としてのサブカルチャー教材の開発と「概念理解」につなげる授業研究。

田口　耕平（たぐち・こうへい）

北海道芽室高等学校教諭。専門は近代文学（福永武彦研究）・国語教育（小説教材研究）。主な著作『福永武彦戦後日記』（新潮社）、『「草の花」の成立　福永武彦の履歴』（翰林書房）など。ただし本当の専門は高校新聞だと思う。新聞を語ると熱くなってしまうから。

對馬　光揮（つしま・こうき）

市立札幌藻岩高等学校教諭。第69回読売教育賞国語教育部門最優秀賞受賞。教育の目的を「当事者意識を持ちながら、他者との関わりの中で自由を実現すること」と定義し、教科等横断的で探究的な学びの実現に力を入れている。

藤澤　慎司（ふじさわ・しんじ）

北海道科学大学高等学校教諭。中国文化学会所属。専門は国語教育。漢文（韻文・散文）を扱った読む能力を養う効果的な授業や国語科と英語科・社会科などとの教科横断型授業に興味をもっている。

山崎　圭志（やまざき・けいじ）

北海学園札幌高等学校非常勤講師。元北海道立高等学校教諭。古文、現代文における「情景と心情の読解」を中心課題として『山月記』『枕草子』『伊勢物語』『源氏物語』等の文学作品に焦点をあてた追究をしている。

【編著者紹介】

大村　勅夫（おおむら・ときお）

札幌国際大学人文学部准教授。元北海道立高等学校教諭。北海道高校国語教育ネットワーク代表。旭川教職実践教育研究会会長。専門は国語教育・授業開発。文学教育（韻文）、言語活動、反省的思考を中心課題として研究しており、現代短歌および笹井宏之に焦点をあてている。著書に『学校活性化を導く「理論×実践」』竹谷出版（編著）、『ことばの授業づくりハンドブック　中学校・高等学校　漢文の学習指導』渓水社（共著）など。

高校・国語の新展開
――伝統と現代的な流れを紡ぎ合わせたこれからの実践例

2024年10月10日　初版第1刷発行

編著者　大村　勅夫
発行人　鈴木　宣昭
発行所　学事出版株式会社
〒101-0051　東京都千代田区神田神保町1-2-5
☎ 03-3518-9655
HPアドレス　https://www.gakuji.co.jp

編集担当　二井　豪
デザイン　松井　里美（研友社印刷株式会社）
編集協力　古川　顕一
印刷・製本　研友社印刷株式会社

ISBN 978-4-7619-3031-8　C3037　Printed in Japan